Mgr PIERRE-ALFRED GRIMARDIAS
ÉVÊQUE DE CAHORS

SOLENNITÉ

DU

JUBILÉ SACERDOTAL

DE

Monseigneur Pierre-Alfred GRIMARDIAS

ÉVÊQUE DE CAHORS

CÉLÉBRÉE

Le 27 Juin 1888

CAHORS

F. PLANTADE, IMPRIMEUR DE L'ÉVÊCHÉ

—

1888

Ces pages sont un simple compte-rendu des faits qui ont marqué la solennité jubilaire célébrée à Cahors le 27 juin 1888, et des paroles qui ont été prononcées à cette occasion.

Elles ont été écrites pour répondre à un désir qui nous a été exprimé de divers côtés et qui, venu en dernier lieu d'une bouche particulièrement autorisée, a été pour nous un ordre, bien doux du reste à remplir.

Mais nous déclarons bien haut que nous n'avons pas l'intention de décrire les merveilles qui se sont déroulées sous nos yeux ; cela nous paraît impossible. Ceux qui en ont été les témoins trouveraient que notre récit est bien au-dessous de la réalité ; et les autres n'auraient qu'une idée trop incomplète du spectacle qu'il nous a été donné de contempler.

Telles qu'elles sont, nous offrons ces pages, comme un hommage de sincère et profonde gratitude, à

*toutes les personnes qui ont concouru de près ou de
loin à l'organisation et au succès de cette fête : au
clergé diocésain qui en a eu la première idée et y a
pris la principale part ; à la population cadurcienne
qui s'y est associée avec tant d'enthousiasme et en a
fait ainsi une manifestation vraiment populaire ;
et aussi, — s'ils veulent bien nous le permettre, —
aux éminents Prélats qui sont venus lui donner par
leur présence un incomparable éclat.*

*Mais il nous semble que ces pages ont encore, dans
l'intention de ceux qui nous les ont demandées, une
portée plus considérable. Elles sont destinées à perpétuer le souvenir de ce que nous avons vu et entendu,
durant ces jours, et à fournir ainsi des documents
aux futurs historiens de notre religieux Quercy.*

*La date du 27 juin 1888 est désormais pour nous
en effet une date historique; elle a sa place, et une
place unique, dans les annales de la ville et du
diocèse de Cahors.*

*C'est donc un devoir de relater aussi exactement
que possible tout ce qui a servi à la rendre si mémorable, afin que le récit des faits qu'elle nous rappelle,
après avoir réjoui et consolé le présent, aille encore
édifier l'avenir.*

*Que ces choses soient écrites, dirons-nous avec le
Roi-Prophète, pour les générations futures, afin que
le peuple qui viendra après, loue le Seigneur,* scribantur hæc in generatione alterà et populus qui
creabitur, laudabit Dominum. (Ps. 101, v. 19).

SOLENNITÉ

DU

JUBILÉ SACERDOTAL

DE

Mgr Pierre-Alfred GRIMARDIAS

ÉVÊQUE DE CAHORS.

~~~~~~

Notre époque a vu s'établir ou du moins se régulariser le touchant usage de célébrer solennellement le cinquantième anniversaire de la consécration des chefs spirituels des peuples, Souverains Pontifes, Évêques, et même simples Prêtres.

On en trouverait difficilement des traces dans l'histoire ecclésiastique et en particulier dans les annales de notre diocèse, durant les siècles qui ont précédé. Et cependant les occasions n'auraient pas manqué de solenniser de pareils souvenirs. Plusieurs de nos évêques (pour ne parler que de notre histoire locale) ont vu s'accomplir, durant le cours de leur épiscopat, la période jubilaire, témoin au dernier siècle Henri Briqueville de la Luzerne, qui a occupé le siège de Cahors pendant quarante-neuf ans.

Comment donc cet usage est-il particulier à notre époque? Nous croyons avoir trouvé l'explication de ce fait dans ce mouvement plus prononcé que jamais qui porte aujourd'hui les peuples chrétiens à se serrer autour de leurs pasteurs, au milieu des épreuves que traverse l'Église, et à saisir avec empressement toutes les occasions qui peuvent s'offrir à eux de leur témoigner leur amour.

C'est ainsi qu'on a vu les fidèles du monde catholique s'ingénier à célébrer tous les anniversaires qu'ils ont pu successivement découvrir dans le long pontificat de Pie IX, le vingt-cinquième de son élévation sur le Saint Siége, le cinquantième de son ordination sacerdotale, le cinquantième aussi de sa consécration épiscopale. Et les démonstrations enthousiastes, qui ont éclaté dans ces diverses circonstances, semblaient ne pouvoir jamais être égalées ou surtout dépassées. Elles l'ont été cependant, tout récemment encore, dans la célébration du jubilé sacerdotal de Léon XIII qui a montré aux regards même les plus prévenus la place immense que la papauté occupe dans le monde.

Or ce que le monde entier a fait pour les deux derniers papes, chaque église particulière est heureuse de trouver l'occasion de le faire pour son évêque; et nous pourrions citer un assez grand nombre de diocèses qui ont eu ce bonheur, depuis un demi-siècle. Oui, heureux diocèses qui ont vu se prolonger assez la vie de leur premier pasteur,

pour pouvoir lui décerner de pareils honneurs !
L'Esprit-Saint nous dit en effet que les longs règnes,
à plus forte raison les longs pontificats sont un des
plus signalés bienfaits de Dieu. Et lorsque la sainte
liturgie ordonne de souhaiter de longues années
aux princes de l'Église *(ad multos annos)*, ce n'est
pas un simple acte de courtoisie qu'elle entend
prescrire; c'est un grand bien de la religion et du
peuple chrétien qu'elle a en vue.

Rien donc de plus légitime que de fêter le cinquantième anniversaire de la consécration de nos
chefs spirituels. Quoique récente, ainsi que nous
venons de le dire, cette coutume a cependant son
fondement dans la Sainte Écriture. Vous sanctifie-
rez l'année cinquantième, est-il écrit dans le Lévi-
tique, car elle est une année jubilaire, *sanctificabis
annum quinquagesimum, ipse est enim jubilæus*. De
là, l'usage des époux chrétiens d'appeler sur eux les
prières et les bénédictions de l'église après cinquante ans d'union conjugale. De là, la pieuse pensée qui assemble toute une paroisse, l'élite de tout
un diocèse autour du prêtre, autour du pontife qui
célèbre la cinquantième année de son sacerdoce ;
fête touchante où éclatent les actions de grâces, les
vœux et les transports d'une sainte jubilation.

En vain, ce jour-là, le vétéran du sacerdoce vou-
drait-il se renfermer dans le mystère de sa piété
privée et solitaire. Autour de lui se pressent, pour
lui apporter les témoignages de leur respect et de

leur amour, ou bien ces générations de fidèles qu'il a nourries de la vérité et de la grâce, ou bien ces générations lévitiques qu'il a formées et préparées pour le sacerdoce.

S'il s'agit d'un évêque, il arrive assez ordinairement que plusieurs de ses frères dans l'épiscopat, ceux surtout qui appartiennent à la même province ecclésiastique ou qui lui sont unis par les liens d'une amitié particulière se font un devoir de venir lui apporter leurs hommages et leurs félicitations.

Tel est le spectacle que nous avons eu sous les yeux, le 27 juin 1888, jour fixé pour la célébration du jubilé sacerdotal de Mgr Pierre-Alfred Grimardias qui depuis vingt-deux ans gouverne si heureusement le diocèse de Cahors. Mais avant de raconter les faits et les paroles qui ont signalé cette journée, nous devons dire comment elle avait été préparée.

I

AVANT LA FÊTE.

Mgr Pierre-Alfred Grimardias a reçu le sacerdoce le 23 décembre 1837, des mains de Mgr Féron, évêque de Clermont, qui l'a regardé dès lors comme son enfant et son enfant de prédilection. Cette prédilection était du reste amplement justifiée par les qualités remarquables de celui qui en était l'objet.

Le jubilé sacerdotal de Monseigneur aurait dû par conséquent se célébrer régulièrement le 23 décembre 1887, jour anniversaire de sa première messe, presque en même temps que celui du Pape Léon XIII.

Nous n'aurions rien vu que d'heureux pour notre part dans cette coïncidence et nous n'aurions éprouvé aucune peine à concilier dans une même manifestation, comme ils se concilient si bien dans notre cœur de prêtre, ces deux amours, l'amour du Pape et l'amour de notre Évêque.

Mais Monseigneur, qui voulait laisser au pontife romain tous les honneurs d'un cinquantième anniversaire, en avait jugé autrement, et il a fallu s'incliner devant des considérations où se révélaient toutes les délicatesses de son âme épiscopale.

Le clergé a bien pu accepter de retarder cette fête, mais il n'aurait jamais consenti à ce qu'elle passât inaperçue. Sur ce point, la modestie de l'évêque a été vaincue par l'unanime et très légitime résistance de ceux qui ont cependant accepté le devoir de lui obéir.

Tout le monde attendait que le Chapitre de la cathédrale prît l'initiative du mouvement. Le vénérable sénat du diocèse ne demandait pas mieux, tout heureux de trouver cette occasion de manifester les liens de respect et d'affection qui l'attachent à son Évêque.

Aussi, quand le moment fut venu, il décida, en

séance capitulaire, qu'on choisirait la fête de Saint Pierre, fête patronale de Monseigneur, pour célébrer en même temps son jubilé sacerdotal. Mais cette solennité commémorative ne pouvant avoir lieu le 29 juin, jour de la fête de S. Pierre, ni le dimanche suivant, pour des raisons qu'il est inutile d'exposer ici, on s'arrêta à la date du 27 juin, comme étant la plus commode pour tous.

Ce point une fois arrêté, le Chapitre nomma un comité, composé de deux de ses membres, d'un curé de la ville, et des trois archiprêtres du diocèse et se déchargea sur lui du soin d'organiser la fête. On ne peut que le féliciter de cette mesure qui a été en partie cause du succès obtenu.

Dans les fêtes de ce genre, il y a sans doute une part qui demeure toujours imprévue et est abandonnée à l'enthousiasme du moment. Cette part, qui fait surtout la beauté de la fête, a été considérable dans la manifestation du 27 juin. Mais il est une autre part qui demande à être réglée d'avance jusque dans les moindres détails, si on veut éviter le désordre. C'est celle que le comité a prise pour lui; et nous croyons pouvoir lui rendre ce témoignage qu'il s'est acquitté pour le mieux de la mission qui lui était confiée.

A peine nommé, le comité se hâta de se mettre en rapport avec le clergé du diocèse, afin d'en obtenir l'approbation de ses projets. Et ce qui est surtout ressorti de ces communications, — nous

nous plaisons à le proclamer, — c'est l'harmonie parfaite qui existe entre les membres du clergé quercynois. On vit rarement une entente aussi complète.

Jusqu'ici le clergé seul avait été tenu au courant de la fête qui se préparait. Il était temps d'en informer le public religieux, puisqu'il devait nécessairement y prendre part. La nouvelle, communiquée aux journaux catholiques de la ville, avec le programme de la solennité, fut accueillie avec la plus vive satisfaction. Notre population cadurcienne manifesta surtout sa joie, d'une façon non équivoque. Il est un peu trop reçu, croyons-nous, de dire que nos bons cadurciens ont un tempérament froid, qu'ils manquent d'élan et d'entrain; ils allaient prouver le contraire dans cette circonstance.

En tout cas la fibre religieuse est chez eux particulièrement sensible. On voit bien qu'ils sont les descendants de ces rudes ligueurs qui surent conserver leur foi intacte, au milieu des luttes religieuses du 16e siècle, et disputer une à une les rues de Cahors au roi de Navarre et à ses huguenots. Aussi certains politiciens qui comptent les manier tout à leur aise pourraient bien une fois ou l'autre avoir une déception. Ils feront bien surtout de respecter leurs convictions religieuses. Il nous semble que les évènements qui viennent de se passer peuvent leur servir de leçon.

Cahors aime particulièrement ses évêques. On dirait qu'il se souvient encore vaguement du temps où il vivait sous leur juridiction temporelle aussi bien que spirituelle. Et il peut bien s'en souvenir, puisqu'il conserve dans un grand nombre de ses édifices et de ses monuments la trace de leur sage et paternelle administration. Sans doute nous ne sommes plus au temps où les évêques de Cahors, au moment de célébrer le saint sacrifice, plaçaient près de l'autel leur casque et leur épée, à côté de leur mitre et de leur crosse. Mais ils ont su reconquérir par l'amour ce qu'ils ont perdu du côté de la force.

Mgr Grimardias (pour ne parler que de notre évêque actuel) a su gagner le cœur de toutes ses ouailles: il a gagné les riches par la distinction de ses manières et les tendances conciliantes de son caractère; il a gagné le peuple par l'affabilité avec laquelle il se rend accessible à tous et par les libéralités de son inépuisable charité. Aussi on ne doit pas s'étonner que toutes les classes de la société se soient réunies pour lui faire une ovation, à l'occasion de son jubilé.

Cependant pour que notre récit soit complètement fidèle, nous devons reconnaître qu'il y a eu au milieu de ce concert quelques voix discordantes. Que dis-je? des plumes ignobles, habituées à salir tout ce qu'il y a de plus auguste et de plus vénérable, ont essayé de ridiculiser et même de faire échouer la manifestation religieuse qui se préparait. Mais leurs injures n'ont excité que le dégoût universel, et leurs tentatives ont abouti à un colossal échec.

On sait que les anciens attachaient un esclave au char du triomphateur, dans le chemin du Capitole. Il y avait dans cet usage une philosophie profonde. — Va ! esclave, dis ce que tu voudras, soulage-toi, crache, vomis. Tu peux bien insulter, mais tu es incapable de déshonorer. — Dans cette pompe vraiment triomphale du 27 juin, il fallait aussi la voix de l'esclave et elle n'y a pas manqué. Pour notre part nous n'avons pas été trop fâché de l'entendre, en attendant qu'elle fut dominée et écrasée par les applaudissements de la foule.

Mais une question restait encore à résoudre et préoccupait tous les esprits : quelle serait l'attitude de la municipalité cadurcienne ? Tout le monde sait en effet que les libertés les plus élémentaires sont aujourd'hui presque partout refusées aux catholiques. Il suffit du caprice d'un maire pour interdire nos processions et arrêter l'élan de toute une population. Aussi dans la plupart de nos villes, les fêtes religieuses ne peuvent plus se dérouler au dehors ; elles sont obligées de se renfermer dans l'intérieur des temples.

Nous sommes heureux de dire que M. le Maire de Cahors, appuyé du reste par la majorité de son conseil municipal, a su se montrer plus juste envers ses administrés et résister sur ce point aux excitations d'une presse aussi antilibérale qu'antireligieuse. Qu'il nous permette de lui adresser nos félicitations et nos remerciements.

Quand on fut assuré que rien ne viendrait gêner l'essor de la piété et de la joie publiques, tout le monde se mit à l'œuvre, dans les rues que devait parcourir l'imposant cortège. Sous l'habile impulsion de MM. les Vicaires de la Cathédrale, on rivalisait de zèle pour pavoiser les maisons. Tout annonçait que la fête serait magnifique ; mais la réalité a de beaucoup dépassé les espérances.

II

LE MARDI 26 JUIN

C'est la veille du beau jour ; de tous côtés on active les préparatifs de la solennité du lendemain.

A midi, toutes les cloches de la ville s'ébranlent en même temps et saluent les Noces d'or de leurs volées prolongées. C'est le premier signal de la fête et aussi de la joie publique.

Pendant toute la soirée, une animation extraordinaire règne dans la cité, en particulier sur les Boulevards et dans la rue de la Liberté où on se porte en foule pour admirer les splendides décorations qui commencent déjà à s'étaler. On ne voit que des visages gais, des physionomies souriantes ;

et les étrangers, les ecclésiastiques surtout, qui arrivent en grand nombre reçoivent l'accueil le plus sympathique.

A trois heures, le grand salon de l'Evêché s'ouvre pour les réceptions et ne désemplit pas de toute la soirée.

La réception du Clergé qui aurait dû régulièrement se faire en premier lieu est renvoyée à neuf heures du soir pour donner à un grand nombre de prêtres qui ne pouvaient arriver que fort tard la satisfaction d'y assister.

Les Religieuses dignitaires non cloîtrées sont d'abord admises à présenter leurs vœux à Monseigneur. Les communautés de Gramat, de Vaylats, de Montcuq qui ont leurs maisons-mères dans le diocèse, — celles de Nevers, de Saint-Vincent-de-Paul, des Sacrés-Cœurs, de la Miséricorde, du Refuge, de Saint-François-de Sales, des Sœurs Gardes-Malades qui nous sont venues d'ailleurs, sont successivement représentées.

Les communautés cloîtrées ont envoyé leurs hommages par les lettres les plus touchantes.

Toutes, sans exception, avaient offert déjà à Sa Grandeur, à l'occasion de son Jubilé, quelque don particulier, le plus souvent un objet travaillé de leurs mains. On a remarqué surtout une mitre d'une grande richesse et d'un goût parfait donnée par les sœurs de Gramat.

Après les communautés religieuses, viennent les

Dames de Cahors, patronnesses de toutes les bonnes œuvres, infatigables et généreuses protectrices de toutes les institutions de zèle et de charité qui honorent notre cité. Elles offrent à Monseigneur, avec leurs hommages, une magnifique chasuble, du travail le plus délicat. Sa Grandeur les remercie et les bénit avec une bonté particulière.

C'est maintenant le tour des Associations d'hommes. La Conférence de Saint-Vincent-de-Paul se présente en entier, ayant à sa tête son vénérable président, M. le comte d'Armagnac, qui exprime chaleureusement les sentiments de tous les membres, en même temps que ceux des pauvres dont ils sont chargés et envers lesquels Monseigneur s'est toujours montré si plein de sollicitude et si généreux.

Puis vient immédiatement la Congrégation des Artisans de Cahors, comme pour marquer par ce rapprochement l'accord unanime de toutes les classes de la société dans les hommages qui sont décernés à notre Evêque.

Les maisons d'éducation chrétienne ne pouvaient manquer dans ce long défilé ; elles viennent en effet témoigner bien haut de l'intérêt que Monseigneur porte à tout ce qui touche à l'enfance et à la jeunesse, cette portion si chère de son troupeau.

C'est la Maîtrise de la Cathédrale qu'il a lui-même fondée, presque au début de son Episcopat, et qui n'a cessé de prospérer sous sa féconde impulsion.

Ce sont les Frères des Ecoles chrétiennes toujours assurés de sa sympathie et de son concours dans leur œuvre si méritoire et si populaire.

C'est l'institution des Petits-Carmes qu'il a prise sous sa protection et qui se montre du reste si digne de ce haut patronage.

Un grand nombre de notabilités de la ville se sont aussi présentées. Nous aimerions à relater les témoignages offerts, les bonnes paroles recueillies dans les courts instants qu'a duré chacune de ces réceptions, si la discrétion et la nécessité d'abréger ne nous en empêchaient.

En même temps que ces réceptions avaient lieu à l'Evêché, arrivaient successivement, par les divers trains de la soirée, les Prélats qui devaient prendre part à la fête.

Onze Evêques avaient reçu l'invitation de M. le Doyen du Chapitre pour cette solennité.

Deux d'entre eux, Mgr Denéchau, évêque de Tulle, et Mgr Gaussail, évêque de Perpignan, s'excusèrent dès le premier instant et exprimèrent tout leur regret de ne pouvoir répondre à l'appel qui leur était adressé, retenus qu'ils étaient dans les lacets de cette trame si serrée qu'on appelle l'itinéraire pastoral.

Mgr Boyer, évêque de Clermont, avait d'abord accepté avec empressement, tout heureux de venir fêter un des plus glorieux fils de son diocèse. Le successeur de Mgr Féron avait sa place marquée d'avance en effet dans la solennité du Jubilé sacerdotal de notre Evêque.

Mais en donnant sa parole, il n'avait écouté que son cœur ; il avait compté sans la fatigue extrême survenue à la suite d'une tournée pastorale dans ses montagnes qui l'a empêché de se mettre en route au dernier moment.

Il a voulu du moins déléguer auprès de nous deux de ses prêtres les plus éminents, M. l'abbé Barrière, chanoine titulaire de la Cathédrale de Clermont, et M. l'abbé Astier, curé de Saint-Genès à Thiers, pour le remplacer et représenter ainsi, aux yeux de tous, l'union fraternelle qui règne depuis vingt-deux ans entre le clergé d'Auvergne et celui du Quercy.

Les huit autres Prélats avaient promis de venir et ils ont tenu leur promesse.

A dix heures du matin, nous avons vu arriver, avant tous les autres, Mgr Sourrieu, évêque de Châlons. Il lui appartenait d'être rendu le premier à cette fête de la fidélité. On se plaisait à voir là l'empressement d'un fils auprès d'un père aimé et vénéré.

Nous sommes toujours heureux de revoir Mgr Sourrieu, qui fut autrefois un des nôtres, et de constater que les honneurs, en ajoutant au charme de sa distinction, n'ont rien enlevé à la bonté de son cœur et à l'affabilité de ses manières. Il a pu comprendre, par l'accueil qui lui a été fait, quel profond et doux souvenir a laissé parmi nous sa belle vie de prêtre et de missionnaire.

Le train de cinq heures nous apporte Mgr l'Archevêque d'Albi, en même temps que NN. SS. de Nîmes, de Pamiers, de Montauban et d'Agen.

Mgr Fonteneau, archevêque d'Albi, est depuis longtemps connu parmi nous. Nous nous rappelons le temps où il accompagnait à Cahors, jeune et brillant grand vicaire, le cardinal Donnet dont il est resté le disciple. Plus tard sa nomination à l'Evêché d'Agen a établi entre lui et nous de doux rapports de voisinage. Mais ces liens se sont surtout resserrés depuis qu'en montant sur le siège archiépiscopal d'Albi il est devenu notre métropolitain.

Nous savons qu'il a hérité de ses deux prédécesseurs, Mgr Lyonnet et Mgr Ramadié, un sentiment de tendre vénération pour Mgr Grimardias, qui est du reste le doyen des évêques de sa province ; et il nous en donne une nouvelle preuve aujourd'hui.

Ce n'est pas non plus pour la première fois que nous avons le bonheur de posséder dans nos murs l'illustre évêque de Nîmes, Mgr Besson. L'amitié qui l'attache à notre évêque l'invitait, il y a deux ans, à venir célébrer avec nous la fête de St. Pierre. Et les échos de notre cathédrale n'ont pas encore oublié les accents de la parole éloquente qu'il y fit entendre. Depuis lors, un lien nouveau le rattache à notre diocèse, puisqu'il a bien voulu accepter le titre de Chanoine d'honneur de notre cathédrale que Mgr Grimardias a été heureux de lui offrir. S'il nous a été particulièrement agréable de le revoir, qu'il nous soit permis cependant d'exprimer le regret de ne l'avoir pas assez entendu.

La renommée nous avait déjà fait connaître les vertus épiscopales de Mgr Rougerie, évêque de Pamiers. Nous savions qu'il s'était montré l'intrépide défenseur de son clergé qui l'adore. Aussi cherchions-nous sur sa figure quelque image des luttes soutenues pour l'Église. Nous n'y avons trouvé que la bonté, — tant il est vrai que la douceur sort toujours de la force.

Mgr Fiard, évêque de Montauban, et Mgr Cœuret-Varin évêque d'Agen sont de toutes nos fêtes. Nous devons au voisinage de leur ville épiscopale le bonheur de jouir de temps en temps des qualités aimables qui les distinguent et qui font les délices de leurs diocèses.

Les deux derniers arrivés sont NN. SS. de Rodez et de Mende.

Mgr Bourret, dont le diocèse de Rodez est fier à juste titre, sera demain la grande voix de notre solennité. On connaît sa parole originale, profonde. Plusieurs l'ont entendue déjà dans nos fêtes de Roc-Amadour; aussi se fait-on une joie de l'entendre encore.

Qu'il nous a été bon de faire connaissance avec Mgr Coste, évêque de Mende ! Ce vrai fils du

Rouergue ne pouvait manquer de rencontrer de vives sympathies parmi les enfants du Quercy. Sa physionomie, où se reflète les plus belles qualités de l'âme, ne s'effacera pas de longtemps de notre souvenir.

C'est en présence de tous ces prélats réunis que le clergé du diocèse a été admis à présenter ses hommages et ses vœux à Monseigneur. La réception a eu lieu dans le parc de l'évêché magnifiquement illuminé, aucune salle ne s'étant trouvée assez vaste pour contenir le nombre déjà très-considérable de prêtres qui y assistaient.

Monseigneur se tenait sur le perron du salon; sur la terrasse et jusque sur la pelouse du parc était massé le clergé.

Il appartenait à M. Maury, doyen du chapitre et en même temps président du comité d'organisation de la fête, de se faire l'interprète des sentiments de tous dans cette circonstance solennelle. Il l'a fait de la manière la mieux inspirée, en adressant à Monseigneur l'allocution suivante, dont chaque alinéa a été souligné par les plus chaleureux applaudissements.

Monseigneur,

Voici votre famille ecclésiastique presque tout entière, heureuse d'offrir à V. G. ses hommages et ses félicitations.

En vous voyant arriver parmi nous, Monseigneur, il y a bientôt vingt-deux ans, si nous devions dès le début admirer l'ardente activité que vous déployiez au service de Dieu et de la Sainte Eglise, nous devions encore plus craindre que vos forces physiques ne trahissent la mâle vigueur de votre âme. Il n'avait fallu que deux ans à Mgr Peschoud, votre vénérable prédécesseur, pour s'user et se consumer.... tandis que, vous, Monseigneur, avec une constitution délicate en apparence, — après un demi siècle d'un ministère exceptionnellement laborieux, loin de faiblir, vous restez debout, intrépide, infatigable, prêt à reprendre demain les travaux et les luttes d'hier.

Qui nous expliquera le prodige de cette verte vieillesse, ou plutôt de cette jeunesse qui se renouvelle à mesure qu'elle se dépense et se prodigue ?...

J'oserai l'essayer, même en votre présence, Monseigneur, sachant comment vous rapportez à Dieu la gloire dont il se plaît à vous communiquer les rayons.

C'est qu'en vous lançant dans l'arène du ministère pastoral, vous vous êtes élevé sur deux puissantes ailes : la passion des âmes et le zèle de la Maison de Dieu, — qui ont été vos grands mobiles, ou, si vous voulez, comme les deux merveilleux et irrésistibles leviers de vos œuvres épiscopales, — et, avec la grâce de Dieu, ont centuplé vos forces.

De là sont sorties, en effet, tant de fondations pieuses, qui élèvent, fortifient et embaument les âmes ; — qui convertissent les unes ou assurent la persévérance des autres ; — qui développent l'intelligence et la foi des tout petits et forment leurs cœurs pour Dieu, pour la Patrie et pour le Ciel ; — qui font, de jeunes hommes, de nouveaux champions pour tous les saints combats et de vrais Apôtres.....

De là vos paternelles ou plutôt maternelles sollicitudes pour les deshérités de ce monde, les membres souffrants de J.-C., — qui furent toujours l'objet de vos libéralités et de vos constantes préoccupations.... — Je me trompe peut-être, Monseigneur, et, au risque de diminuer votre mérite, je dirai que vous vous occupez mais ne vous préoccupez pas des pauvres, tant le bien que vous leur faites vous est naturel et coule de source. Aussi, les œuvres charitables, la Société de Saint-Vincent-de-Paul, l'Association des Dames de Charité et tant d'autres, — se sont-elles multipliées sous votre main.....

De là, — après les soins prodigués aux âmes et aux corps, — l'empressement et les généreux efforts que vous avez constamment apportés, Monseigneur, à l'édification et à la restauration des temples matériels, — en particulier aux réparations de votre Cathédrale, qui, grâce aux grands et intelligents travaux dûs à votre impulsion, tend à se rapprocher des beaux jours de sa primitive et majestueuse architecture.

De là encore, Monseigneur, votre incessante et amoureuse action en faveur de l'une des plus grandes gloires du Diocèse, notre célèbre Rocamadour. Vous avez, ici, dépassé vos illustres prédécesseurs, malgré le zèle qu'ils y ont déployé, car, s'il est juste de reconnaître que Mgr Bardou a relevé de ses ruines le vénérable Sanctuaire, il est incontestable que c'est à V. G. qu'il doit d'avoir revu ses fêtes d'autrefois et son antique splendeur. Bien plus, V. G a magnifiquement développé le germe d'apostolat qu'y avait jeté, — secondé par le vénérable M. Caillau, — Mgr Bardou, par l'établissement des missions diocésaines : et c'est merveille, aujourd'hui, de voir une pléiade de jeunes prêtres, inspirés et dirigés par leur Evêque, qui s'en vont, avec autant de zèle et de piété que de talent, répandre le feu sacré par tout le Diocèse, et le couvrir de nombreux et vivifiants incendies.....

Je ne ferai que rappeler, Monseigneur, les superbes constructions de votre grand et de votre petit séminaires : deux autres pépinières de prêtres et de jeunes lévites, particulièrement chères à nous tous ; — l'établissement de plusieurs communautés d'hommes ou de femmes ; — la consécration d'une multitude d'églises, — au milieu de tant d'autres œuvres hors ligne, qui seront l'éternel honneur de votre long épiscopat et en perpétueront le souvenir.

En toutes ces merveilleuses œuvres, qui ont si bien rempli et mouvementé votre vie parmi nous, Monseigneur, vous avez suivi vos plus illustres, vos plus saints et me permettrez-vous d'ajouter, Monseigneur, vos plus aimables et plus aimés prédécesseurs.

Et, d'autre part, Monseigneur, ce sont, pour nous, autant de souvenirs, qui multiplient nos joies et nous attirent irrésistiblement vers votre personne sacrée, comme vers le meilleur des pères.

Et ces joies, déjà si grandes, Monseigneur, se doublent d'un sincère désir et d'une espérance, douce à nos cœurs : l'espérance et le désir de vous voir longtemps, bien longtemps encore, *ad multos annos*, nous enseigner, nous diriger, nous conseiller et nous fortifier. Et nous aimons à vous dire : *Mane nobiscum, Domine, quoniam advesperascit*. Le temps s'assombrit, en effet, et, au milieu de ces ombres et de ces ténèbres, nous avons besoin, grand besoin, de vos lumières, de votre expérience et de votre sage et paternelle direction.

Daignez donc, Monseigneur, recevoir ce bâton pastoral, souvenir de votre fidèle clergé, et témoignage de sa respectueuse affection :

Sume pedum, Cleri monimentum et pignus amoris.

Il vous rappellera quatre Saints personnages, qui vous sont particulièrement chers : Saint Pierre, Saint Etienne, Saint Génulphe et Saint Alfred ; et, avec eux, les grandes vertus qui les ont caractérisés, et que nous nous plaisons à retrouver vivantes dans votre personne : l'ardente foi de Pierre, l'intrépide charité d'Etienne, le zèle apostolique de Génulphe, la royale générosité, l'affabilité, le dévouement à **l'Eglise et au Saint-Siège d'Alfred.**

Permettez-moi d'ajouter, Monseigneur, que, si cette houlette est le signe de votre divine autorité, nous sommes heureux de penser que vous voudrez bien y voir aussi le symbole de l'humble appui et du concours soumis et dévoué, que nous osons, en toute simplicité, offrir à notre Père en Dieu, — car, — tous ensemble et ne faisant qu'un, selon la recommandation de N. S. (*omnes unum sint)* nous avons l'ambition, — que, nous l'espérons, vous ne trouverez pas trop téméraire, — d'être ou de devenir votre bâton de vieillesse.

Dailleurs, dans les tristes temps de révolte et de bouleversement social que nous traversons, nous ne croyons pas inutile, pour l'édification des fidèles, d'affirmer notre étroite et ferme union à nos chefs, à N. S. P. le Pape et au premier Pasteur du diocèse, — par des liens hiérarchiques, avant tout, mais que l'esprit avoue, reconnaît, et que le cœur resserre. Et ainsi, notre union en Dieu sera notre force, et la méchanceté des ennemis de la Sainte-Eglise ne trouvera pas de complicité dans nos désunions ou nos défaillances.

Messeigneurs,

Permettez au moins digne de ce bon clergé de Cahors, que vous voyez réuni devant vous, de remercier, au nom de ses collègues du Chapitre et de tous ses Confrères, Vos Grandeurs, d'avoir répondu avec tant de bonté à notre humble invitation, et d'avoir bien voulu rehausser, par l'éclat de votre présence, notre bonne fête de famille. Nous savions les sentiments qui vous attireraient vers notre Evêque bien-aimé. Merci, néanmoins, Messeigneurs, d'avoir interrompu vos travaux et affronté les ennuis et les fatigues d'une longue route ; et croyez bien que vous êtes pour nous tous, comme pour notre Evêque lui-même, les envoyés de Dieu et les bienvenus.

Cette allocution terminée, M. le doyen présente à Monseigneur, au nom du clergé diocésain, la crosse d'honneur qui a paru l'objet le mieux indiqué comme souvenir de cette solennité jubilaire, puisqu'elle symbolise parfaitement et le dévouement du pasteur et le filial amour du troupeau.

Monseigneur accepte la crosse et s'appuyant sur le bâton pastoral que ses fils reconnaissants lui donnent pour soutenir désormais sa belle et verte vieillesse il répond aux paroles qu'on vient de lui adresser par quelques mots où perce toute l'émotion de son âme et qui vont au cœur de tous.

Sa Grandeur remercie M. le doyen des sentiments qu'il vient de lui si bien exprimer. Si Elle ne peut accepter sans réserve les éloges qu'on vient de lui donner et que l'affection de ses prêtres lui paraît avoir exagérés, Elle accepte au contraire pleinement tout ce qu'on vient de dire de son amour pour le troupeau qui lui est confié.

Monseigneur se plaît ensuite à rappeler la parfaite et perpétuelle union de son clergé avec lui, son dévouement, sa véritable et tendre affection qui l'ont singulièrement aidé dans l'accomplissement de sa mission et dont il reçoit en ce moment une nouvelle et éclatante preuve. Jamais un nuage, jamais une ombre n'ont altéré la douceur et la consolation de leurs rapports mutuels.

Monseigneur se sent ému à la pensée de cet anniversaire, et, jetant un regard en arrière, sur les cinquante années qui viennent de s'écouler et plus particulièrement sur les vingt-deux qu'il a déjà passées au milieu de nous, il éprouve tout d'abord le besoin de remercier Dieu des grâces sans nombre dont il a semé sa longue carrière.

Mais il aime aussi à associer dans l'expression de sa reconnaissance envers Dieu son bon clergé, ses chers fidèles de tout le diocèse qui ont conservé, malgré le malheur des temps, la foi vive et pratique de leurs pères, comme il en a la preuve dans ses tournées pastorales.

C'est donc avec consolation qu'il regarde les années écoulées et il demande à Dieu de conserver au diocèse de Cahors sa tendre et paternelle protection.

Puis, se tournant vers les prélats qui sont à ses côtés, il les remercie avec effusion d'avoir bien voulu affronter les fatigues d'un long voyage pour venir s'unir à lui dans les actions de grâces qu'il rend à Dieu à l'occasion du cinquantième anniversaire de son sacerdoce. C'est une marque d'amitié fraternelle et un honneur dont lui et son clergé leur sont profondément reconnaissants.

Mgr l'Archevêque d'Albi, prenant alors la parole en son nom et au nom des évêques présents, dit combien ils ont tous été heureux de répondre à l'invitation de M. le doyen du chapitre et de venir prendre part à cette belle fête. En sa qualité de métropolitain, il tenait à rendre un hommage particulier au doyen des évêques de sa province pour lequel il a le même attachement que ses deux derniers prédécesseurs. Ils sont tous vraiment édifiés par le spectacle qu'ils ont sous les yeux, par les témoignages d'affectueuse vénération que le clergé du diocèse de Cahors donne en ce moment à son évêque et ils s'y associent pleinement.

Après cet échange de paroles touchantes qui émeuvent doucement l'assistance et provoquent de fréquents applaudissements, le clergé se répand dans les salons et le parc de l'évêché.

La crosse qu'on vient d'offrir à Monseigneur attire de nombreux regards, et elle mérite en effet de fixer l'attention. Cette œuvre d'un art exquis vient des ateliers d'orfévrerie de M Poussielgue. Elle est en vermeil et est ornementée d'émaux et de pierres fines. Dans la volute se trouvent deux statuettes représentant, l'une S. Pierre assis, l'autre un évêque à genoux recevant de lui les pouvoirs; celle-ci reproduit assez bien les traits de Mgr Grimardias. Au-dessous de la volute, un superbe émail porte les armoiries de notre évêque. La boule de la crosse est enrichie aussi de magnifiques émaux. Au-dessus de la boule, on admire quatre autres statuettes, d'une finesse remarquable, représentant S. Pierre, S. Alfred, S. Étienne et S. Génulphe; les deux premiers, patrons particuliers de Monseigneur et les deux autres, patrons de la cathédrale et du diocèse de Cahors. Sur le bâton de la crosse s'enroule l'inscription suivante :

Rev. Patri Petro-Alphrido Grimardias Episc. Caturc. in memoriam Jubilæi Sacerd. Capitulum et Clerus.

Sume pedum, Cleri monimentum et pignus amoris.

Mais la foule se trouve surtout en ce moment dans le parc splendidement illuminé *a giorno*.

On circule à travers les allées, on cherche à se reconnaître dans le demi-jour que projettent les mille lumières du parc, on cause agréablement de la fête. Les prélats eux-mêmes viennent se mêler à la foule et distribuent autour d'eux les paroles les plus gracieuses.

Mais ce qu'on admire surtout, c'est l'illumination elle-même, une des mieux réussies que nous ayons jamais vues. Ces lanternes vénitiennes qui courent à travers le feuillage et grimpent jusqu'au sommet des arbres ; ces dessins en traits de feu qui se déploient sur la pelouse, ces feux de Bengale dont les reflets aux couleurs les plus variées illuminent tous les alentours, tout cela forme un spectacle splendide, vraiment féérique.

Nous adressons nos félicitations à M. l'abbé Amadieu qui a été l'ordonnateur de cette partie de la fête. Il n'en est pas du reste à son coup d'essai. MM. les chapelains de Roc-Amadour sont en train de se faire à cet égard une réputation bien méritée qui viendra s'ajouter à celle qu'ils se sont déjà faite par leur éloquence vraiment apostolique.

On a de la peine à s'arracher à ce spectacle enchanteur, encore animé par les sons joyeux de la fanfare des Petits-Carmes. Mais enfin on se retire, se promettant pour le lendemain de nouvelles émotions et de nouvelles joies.

III

LA MATINÉE DU MERCREDI 27 JUIN

Au moment de raconter cette inoubliable journée du 27 juin, nous sentons plus que jamais l'impuissance de nos efforts

Pompe éclatante des cérémonies religieuses, joies intimes du cœur et saintes émotions de l'âme, élan des acclamations populaires, scènes attendrissantes renouvelées des premiers âges chrétiens, splendeurs de l'art et sourires de la nature, fêtes de l'éloquence et de la poésie, tout s'est réuni pour donner à cette journée un cachet de grandeur et un charme incomparable.

Pour redire ces choses, avec le langage qui leur convient, il faudrait la lyre du poète, et nous n'avons que la modeste plume du chroniqueur. Nous nous bornerons donc à laisser parler les faits; il est vrai qu'ils ont aussi leur éloquence.

Nous voici au matin de la solennité. Dès cinq

heures, les cloches de la ville se font entendre, comme la veille, formant un chœur majestueux et brillant où les notes aiguës se détachent sur les sons graves et prolongés. C'est comme le salut matinal de chaque paroisse au premier pasteur.

Entrons un instant dans la cathédrale, avant que la foule vienne l'envahir, et jetons un coup-d'œil sur l'ornementation que des mains pieuses et habiles lui ont donnée pour la circonstance. Autour de l'entrée principale, les guirlandes et les autres ornements se multiplient et se mêlent avec grâce. Dans la vaste nef, depuis l'abside jusqu'à l'orgue, des oriflammes ornées des armes de Monseigneur ou portant des inscriptions bien choisies tapissent les piliers et les murs.

Mais c'est surtout le sanctuaire qui attire le regard. Il était déjà splendide avec ses peintures murales, ses riches verrières, son autel monumental. Mais à cette beauté qui lui est propre vient s'ajouter celle des décorations dont on l'a orné. Des draperies rouges aux franges d'or descendent de la galerie circulaire; d'autres du même genre revêtent la grille du chœur La superbe architecture de l'autel ressort encore mieux parmi les fleurs et la verdure dont il est entouré.

En face du trône de Monseigneur, celui que les prescriptions de la liturgie réservent au métropolitain. A droite de ce dernier, sept fauteuils destinés aux sept autres évêques qui doivent assister à la cérémonie. Il est facile de distinguer la place de chacun d'eux par les armoiries qui la surmontent. A l'entrée du sanctuaire, une grande et riche bannière porte l'écusson du Souverain Pontife.

Toutes les chapelles latérales ont, comme le maître autel, leur gracieuse décoration de fleurs et de verdure.

Certes, il est bien juste que la vieille cathédrale prenne ainsi ses plus beaux atours. Dans son histoire douze fois séculaire, elle n'a jamais été témoin d'une solennité semblable à celle du 27 juin. Pour trouver quelque chose qui en approche, il faut remonter, croyons-nous, à l'année 1119, au jour où elle ouvrit ses portes au Pape Calixte II qui y fit son entrée solennelle, et y consacra l'autel majeur, en même temps que l'autel du St-Suaire.

A huit heures et demie, le clergé réuni au grand séminaire, se revêt de l'habit de chœur et se rend processionnellement dans la cour d'honneur de l'évêché, pour faire cortège aux évêques.

Bientôt le grand portail s'ouvre et la procession se met en marche, la croix en tête, et au chant du *Veni creator.*

On voit s'avancer sur deux files les élèves du grand séminaire et puis environ cinq cents prêtres, c'est-à-dire tous ceux qui n'avaient pas été retenus dans leurs paroisses par les besoins du ministère.

C'est un édifiant spectacle que celui de ces bons prêtres, pieusement attendris, doux et graves dans leur joie, qui sont venus de tous les points du diocèse apporter à leur bien-aimé pontife et père le témoignage de leur amour filial, de leur vénération, de leur fidélité.

Oui, que vous êtes belles, o phalanges sacerdotales, si éprouvées, dans les temps mauvais que nous traversons, par les luttes de chaque jour, en butte aux injustices et aux persécutions de toute sorte, si souvent victimes des déplorables malentendus qu'on cherche à répandre entre le peuple et vous, et cependant si exemplaires de patience, de courage et de charité ! En vous voyant passer, la foule est émue d'un profond respect ; et plus d'un, qui était venu là peut-être avec des sentiments hostiles, comme autrefois le prophète appelé par le roi de Moab à maudire l'armée d'Israël, sent la malédiction expirer sur ses lèvres.

Ah ! ils sont bien heureux, ces prêtres, de se trouver une bonne fois en face de ce vrai peuple, auquel ils appartiennent par le fond de leurs entrailles, de ce peuple qui les comprend et qui les aime ; et cette heure de bonheur les dédommage de bien des tristesses et de bien des amertumes.

Mais voici le cortège des prélats qui débouche de la porte de l'évêché et se déroule majestueusement, ayant en tête les chanoines et les dignitaires de l'église de Cahors. La foule s'incline sous la main bénissante des pontifes. On cherche à les reconnaître l'un après l'autre, et leurs noms volent de bouche en bouche : Mgr Cœuret-Varin, évêque d'Agen; Mgr Sourrieu, évêque de Châlons; Mgr Fiard, évêque de Montauban; Mgr Rougerie, évêque de Pamiers; Mgr Coste, évêque de Mende; Mgr Besson, évêque de Nîmes; Mgr Bourret, évêque de Rodez; Mgr Fonteneau, archevêque d'Albi, précédé de la croix, insigne du métropolitain; tous, souriants et sympathiques, sous l'éclat de leurs ornements épiscopaux.

Monseigneur ferme la marche. C'est vers lui que se tournent tous les regards attendris. Comme il porte bien la mitre et la crosse ! Comme son visage rayonne d'une joie céleste ! Plus que jamais il se sent père au milieu de cette famille qui l'aime et le vénère. N'est-ce pas à lui en effet que s'adresse cette grande manifestation de la piété filiale ? Avancez donc, ô père bien aimé, et recueillez les hommages que vous rendent vos enfants, en reconnaissance de votre amour et de vos bienfaits !

Après avoir suivi la rue de l'évêché tout enguirlandée et déjà remplie d'une foule considérable, l'imposant cortège arrive au Boulevard, et c'est là qu'on voit se déployer les plus grandes splendeurs qui puissent embellir une cité. Ces maisons admirablement pavoisées dont les murs disparaissent sous les plus riches tentures, et par dessus tout ces multitudes vivantes, parées de leurs habits de fête, qui se pressent sur les trottoirs, aux croisées, sur les balcons et les terrasses, ces flots de têtes humaines qui se courbent sous les bénédictions épiscopales et se signent au front du signe du salut, tout cela forme le plus saisissant des spectacles.

Moins grandiose sans doute est l'aspect que présente la rue de la Liberté; mais aussi il est plus gracieux. La rue est assez large pour que la pompe religieuse puisse s'y déployer tout à l'aise; cependant les maisons sont assez rapprochées pour permettre de jeter des guirlandes d'une fenêtre à l'autre. Ces guirlandes s'entrelacent d'une foule de manières, mais toujours avec goût; elles descendent en festons, ou se redressent en berceaux, portant à leurs points de jonction de gracieuses couronnes. On marche sur un tapis de mousse et sous un dôme de verdure; une pluie de fleurs effeuillées, que lancent des mains enfantines, tombe des fenêtres ornées de banderolles aux couleurs les plus variées et garnies de spectateurs. A chacune des extrémités de la rue, se dresse un superbe arc de triomphe portant les armoiries de Monseigneur; ou plutôt la rue tout entière, dans un parcours de près de deux cents mètres, n'est qu'un arc de triomphe continu.

Quand le cortège épiscopal arrive sur la place de la cathédrale, la foule l'y a précédé. Elle est énorme, mais elle est contenue par le respect. Aussi pas le moindre cri, pas le moindre désordre. Nous nous plaisons du reste à rendre hommage au bon vouloir de ceux qui étaient, ce jour-là, chargés de la police de la rue.

Mais le moment le plus solennel, j'oserai dire le moment sublime de la journée, c'est l'entrée dans la cathédrale. Quand Monseigneur met le pied sur le seuil, l'orgue l'accueille de ses accents les plus triomphants. Mais voici que tout à coup la voix puissante de l'orgue est dominée par une voix plus puissante encore, la voix de la multitude. Un immense applaudissement éclate sous les coupoles de la vieille église qui sans doute n'entendit jamais rien de pareil et se reproduit jusqu'à trois fois au cri mille fois répété de : Vive Monseigneur ! C'est comme un courant électrique qui s'empare instantanément de l'assistance et se communique avec une rapidité prodigieuse. On dirait que l'émotion qui vient de se ramasser dans les âmes et a été obligée de se contenir, à travers les rues de la ville, éprouve tout à coup un besoin invincible de faire explosion dans le lieu saint.

On aurait mauvaise grâce à vouloir apprécier d'après les usages ordinaires de l'Église un fait qui sort manifestement de toutes les règles, mais qui aussi n'avait été nullement prévu, ni préparé, et était le résultat d'un enthousiasme tout spontané. Nous ferons de plus observer que ces applaudissements n'avaient rien de profane, puisqu'ils dépassaient même la personnalité vénérable de notre évêque pour remonter jusqu'au caractère sacré dont il est revêtu et par conséquent jusqu'à Dieu. Ne pouvons-nous pas du reste nous autoriser d'un exemple parti de haut ? Plusieurs des prêtres qui ont assisté, le 1er janvier, à l'entrée de Léon XIII dans la basilique de St-Pierre, et le 27 juin, à l'entrée de Mgr Grimardias dans la cathédrale de Cahors, nous ont dit que, toutes proportions gardées, c'était de part et d'autre la même scène, et, au fond des âmes, les mêmes impressions.

Monseigneur traverse la foule, sous le poids d'une visible émotion, le visage pâle et mouillé de larmes, mais cependant rayonnant de bonheur, et arrive ainsi jusqu'au sanctuaire.

Le voilà sur son trône; le métropolitain est sur le sien, et chaque évêque occupe aussi le siège qui lui a été préparé. Les chanoines et les dignitaires prennent place dans les stalles du chœur qui leur ont été réservées, et le reste du clergé rangé sur les côtés et sur le devant du sanctuaire lui forme ainsi une magnifique couronne.

La foule remplit complètement la vaste nef et les tribunes et s'échelonne jusque sur les degrés du fond, de manière à former une mosaïque de têtes d'un aspect animé et saisissant; foule du reste recueillie, sympathique, édifiante. Grâce aux précautions qui ont été prises, et à l'aide des suisses de toutes les paroisses de la ville, le service d'ordre est fait admirablement.

Bientôt le Saint Sacrifice commence. Monseigneur célèbre pontificalement. On avait eu l'aimable attention de faire remplir les offices de diacre et de sous-diacre par M. l'abbé Barrière, chanoine titulaire de la cathédrale de Clermont, et par M l'abbé Astier, curé de St Genès, à Thiers, tous deux anciens vicaires de Monseigneur, et tous deux aussi chanoines honoraires de notre cathédrale.

Les cérémonies de la messe pontificale, si imposantes par elles-mêmes, empruntent encore aux circonstances présentes une grandeur inaccoutumée. Dans la physionomie, dans la voix de Monseigneur, se trahissent l'émotion et la joie d'un cœur sacerdotal qui renouvelle, après cinquante années, le souvenir ancien mais toujours présent de sa première messe.

Un chœur bien fourni d'élèves du grand séminaire et d'élèves de la Maîtrise chante avec perfection les mélodies liturgiques et exécute avec goût le *Kyrie* et le *Gloria* de la Messe, dite des Anges, et harmonisée par M. Ch. Vervoitte.

Après l'Evangile, le cortège des prélats se dirige vers la nef pour entendre la grande voix de cette fête, Mgr Bourret, évêque de Rodez, qui vient de monter dans la chaire de notre cathédrale.

On va lire ce discours magistral où Mgr Bourret retrace, avec le talent et l'autorité qui le distinguent, dans une page d'histoire qui restera, la belle et longue carrière de son confrère dans l'épiscopat :

Et laudent eum in portis opera ejus.
Que ses œuvres le louent aux portes de la cité.
Prov. 31. 31.

Messeigneurs,

Mes Frères,

Cette invitation que fait la Sainte Écriture à chercher la louange de la femme forte dans la perfection de ses œuvres, je veux la prendre pour guide dans l'allocution que je me propose de vous adresser, en ce jour où nous fêtons le cinquantième anniversaire de l'ordination sacerdotale du vénérable Évêque de ce diocèse. Mon dessein n'est pas autre que de laisser parler les faits dont sa vie est si heureusement remplie. Ce sera le meilleur moyen de le louer et d'épargner à sa modestie ce que tout le monde répète, mais ce que, peut-être, il ne voudrait point écouter. Ce sera aussi pour nous tous le moyen de recevoir des leçons utiles et de faire des retours sur nous-mêmes, en harmonie avec les grands exemples qui passeront sous nos yeux.

Et d'abord, tout en premier, permettez-moi, prêtres et fidèles du diocèse de Cahors, de vous féliciter de cet empressement qui vous a fait accourir auprès de votre bien aimé Pontife, et de vous remercier de toutes les marques de respectueuse sympathie que vous lui témoignez. Il le méritait assurément ; mais on ne s'honore pas moins soi-même à montrer les sentiments de son cœur envers qui y a des droits, que n'est honoré par leur expression celui qui les reçoit.

Et oui, certes, il les mérite vos sentiments d'affection et de reconnaissance ce Prélat vénéré qui est le guide de vos âmes, depuis près d'un quart de siècle, et qui, avant de vous appartenir, avait fait les délices d'une ville et d'un diocèse que de nombreux liens rattachent au vôtre. La Providence vous l'avait merveilleusement préparé, et il a tenu amplement toutes les promesses que donnait une telle préparation.

Écoutez plutôt l'histoire de cette vie sacerdotale, car, ainsi que je viens de le dire en commençant, je n'ai pas dessein de faire autre chose que de vous la raconter, laissant aux différentes phases de la belle carrière de votre Prélat le soin de se faire valoir elles-mêmes, et à chacun de vous l'agrément d'en tirer de justes conclusions.

Enveloppons-la premièrement d'un regard d'ensemble, et demandons-nous quelle est sa physionomie générale et, comme on dit quand on veut se servir d'un langage technique, sa note dominante, sa caractéristique.

Il me semble qu'il n'est pas bien difficile de l'indiquer. Nous ne sommes pas en présence d'une de ces vocations singulières, vers lesquelles la divine Providence a conduit son élu par des routes étranges et par des moyens qui ne paraissent pas conformes au but. Ici, si je ne me trompe, pas de ces surprises qui étonnent, pas de ces coups soudains, pas de ces traverses, pas de ces évènements qui renversent Paul sur le chemin de Damas. Non, tout paraît disposé harmonieusement dès le début pour la fin proposée, et tout se développe naturellement dans cette vie, par une suite d'évolutions régulières et d'ascensions progressives, pour recevoir le couronnement dont vous avez été, Mes très chers Frères du Quercy, les heureux bénéficiaires.

Au berceau de cet enfant de bénédiction je vois une mère chrétienne entre toutes, une femme non moins supérieure par la naissance que par l'éclat et la solidité de ses vertus. J'imagine volontiers que, en caressant sur ses genoux son petit nourrisson, elle avait eu la gracieuse vision de Gauberte, la mère de S. Étienne d'Obazine, dont nous célébrions l'autre jour la mémoire dans une église du voisinage, et qu'elle aussi avait pensé mettre au monde un agneau qui devenu grand conduirait un jour un troupeau d'autres agneaux à la blanche toison. En tout cas, elle le prépara bien pour cela, cette femme forte dont la mémoire est restée en vénération dans ce beau pays de Maringues dont elle était l'ornement. Elle fut aussi puissamment aidée dans cette tâche de mère vigilante et d'institutrice chrétienne de son enfant par le compagnon de sa vie et la noble parenté qui l'entourait. Ce n'est pas tout sans doute, Messieurs, qu'une naissance au-dessus du commun et une bonne origine ; c'est quelque chose cependant, et l'on a toujours vu que d'un tronc vigoureux il sortait de meilleures tiges que d'un tronc où la sève était de moindre qualité et de moindre abondance.

Ainsi préparé par la première éducation du foyer, le jeune enfant qui devait être votre évêque, fut mis au collége de Thiers, et un peu plus tard au collége de Billom, tenu par les Pères de la compagnie de Jésus, ces remarquables maîtres que l'on peut bien attaquer, mais qu'il a jusqu'à présent paru difficile de surpasser, peut-être même à plusieurs d'égaler. Ce qu'y fut le jeune Grimardias, demandez-le à ses maîtres, et particulièrement au Père Bareille qui a laissé dans cette école, comme dans toute sa compagnie, des souvenirs ineffaçables, et qui ne dédaigna pas d'entretenir avec son élève une correspondance qui eût pris place dans les bibliothèques de la jeunesse, si la modestie de celui qui avait mérité une telle confiance ne l'avait tenue en secret. Ce que fut à Billom ce gracieux enfant de l'Auvergne, demandez-le encore à ses camarades qui le voyaient sans jalousie à la tête de leur classe parce qu'ils reconnaissaient sa supériorité, qui le choisissaient, comme le meilleur, pour diriger leurs pieuses congrégations, qui se disputaient, vous me permettrez de le dire, Monseigneur, qui se disputaient ses habits, dans un jour de maladie redoutable, comme les reliques du lendemain, comme des porte-bonheur qui les engageraient à imiter les vertus dont ce condisciple leur avait donné de si nobles exemples.

De telles vies ne sont pas faites pour le monde ; de telles préparations sont pour Dieu, et l'Église était fondée à revendiquer comme un bien propre un jeune homme que tout annonçait avoir été fait pour elle. Pierre-Alfred Grimardias entra au grand séminaire de Clermont, prévenu par une réputation toute à son honneur, et il y garda la primauté de talent et de vertu qu'il avait su se conquérir au petit collége de Thiers et chez les Jésuites de Billom. A Montferrand, il trouva d'autres maîtres différents d'allure et de caractère, mais aussi habiles à lui enseigner les lettres sacrées que les premiers l'avaient été à le former aux lettres humaines. Sous la direction des prêtres de St-Sulpice, les dignes frères des fils de S. Vincent de Paul, qu'il devait retrouver plus tard à la tête de son grand séminaire, sous cette direction sage et intérieure, l'abbé Grimardias avança progressivement dans toutes les parties de la science ecclésiastique, et tenant pied à une fortune qui semblait ne pas vouloir l'abandonner, il s'annonce comme préparé pour les premiers postes, et en sortant du grand séminaire il fut nommé vicaire à la Cathédrale. Il y soutenait sa réputation et montrait que ses supérieurs n'avaient point trop présumé de ses qualités, lorsque peu de temps après il fut appelé par la confiance de son évêque à gérer le Secrétariat de l'Évêché et à prendre part à l'administration du diocèse.

Il eut bientôt acquis une place d'honneur dans le conseil des anciens du sacerdoce par sa prudence précoce, son activité, son affabilité. Ces qualités ont duré, vous le savez bien, et se sont développées. Par sa sagesse, son application au travail, son dévouement, il se fit apprécier de tous, et si je faisais appel au souvenir de ces temps, vous verriez quelles réponses me seraient faites. Les fonctions administratives qui n'ont qu'un côté matériel ne paraissent point brillantes aux esprits qui rêvent de grands horizons et qui sont épris de l'éclat extérieur ; elles sont utiles cependant ;

elles sont même la condition du succès de tous les ministères qu'elles secondent, comme les arbres de couche qu'on ne voit pas, et qui ne sont pas le côté brillant de la machine, sont le principe d'activité de tous les mouvements qui l'animent et de tous les rouages qui la composent. Ce n'est pas toujours le prêtre le plus éclatant qui fait le plus de bien ; ce n'est pas le mieux costumé qui est le plus à l'œuvre. Les soldats gagnent souvent les victoires dont on fait honneur au général ; nous engageons souvent des moissons, vénérés confrères, que vous avez vous-mêmes semées, que vous avez cultivées, et dont le mérite vous revient bien plus que à ceux à qui votre bienveillance veut parfois les reporter.

Notre jeune secrétaire ne s'attarda pas longtemps à ses comptes et à ses papiers. Le Curé de la cathédrale de Clermont était décédé ; M. l'abbé Grimardias fut appelé à le remplacer. Il y trouvait toute vivante la mémoire du cardinal Giraud, que vous permettrez bien à l'évêque de Rodez de saluer au passage d'un salut d'honneur et de reconnaissance. Le nouveau curé n'avait que trente-trois ans. Plus d'un dut trouver qu'on se hâtait, dans un pays surtout où le mérite n'était pas rare. Mais tout réussissait à ce jeune prêtre et tout le poussait de degré en degré vers les plus hauts sommets de la hiérarchie. Il eut bientôt pris dans ses nouvelles fonctions la place qu'il avait su prendre et garder partout où il était passé, et de sa jeunesse il ne lui resta que le charme, et cette attirance particulière qu'elle donne à ce qu'elle touche, lorsque d'ailleurs elle a toutes les qualités qui la font respecter.

Que fut ce ministère de curé pendant dix-huit années dans la cathédrale de Clermont ? Très fructueux et très remarqué : les œuvres prirent un nouvel essor, les catéchismes furent faits avec agrément et plus de succès, de florissantes congrégations furent établies ou renouvelées, les malades et les pauvres furent largement secourus et les réparations de la merveilleuse cathédrale de la cité des Arvernes poussées avec une activité dont le principe partait de l'intelligence du jeune curé. En même temps que le bon prêtre gagnait les âmes à Dieu, les bonnes manières, l'urbanité et l'exquise politesse du pasteur enchaînaient agréablement les personnes du monde à sa suite, et il faisait aimer dans tous une religion que plusieurs n'avaient pas le courage de pratiquer. J'en ai pour garant des amitiés que le temps n'a fait que consolider, des reconnaissances et des fidélités que rien n'a pu rompre ni diminuer. La discrétion ne me permet pas de m'étendre sur les consolations que nombre d'âmes reçurent dans le secret de la direction. Je sais que cette direction fut très goûtée et très recherchée. Plus d'un cœur désolé se souvient encore de celui qui lui rendit la paix, comme plus d'une vertu préservée chante les louanges de l'ange tutélaire qui la garda et la sauva du danger.

Une carrière qui n'avait compté que des succès dans son développement progressif, appelait un couronnement digne de toutes ces attentions de la Providence. Plusieurs fois déjà il avait été question d'élever aux honneurs et aux charges de l'épiscopat le curé de la cathédrale de Clermont. Plusieurs églises ambitionnaient ce Pasteur, et nous avons souvenir que l'église du Puy avait espéré un moment qu'il lui serait donné pour la consoler de sa viduité.

Ce fut l'église de Cahors qui obtint en 1866 la faveur qui avait été enviée par plusieurs autres. Avec quelle joie elle le reçut, et avec quelle affection respectueuse tout le monde se porta-t-il au devant du nouveau Pontife ? Vous le diriez mieux que moi, témoins survivants de cette entrée solennelle, où l'on ne sut qu'admirer le plus, du grand air du nouvel élu, ou des sympathiques démonstrations de cette population toute fière de son nouveau chef spirituel. Clermont témoigne ses regrets, avait-on écrit sur une banderolle, et Cahors fête ses espérances. Je ne sais si la vieille cité des Arvernes s'est entièrement consolée du départ de son vigilant curé. Je ne le croirais pas, à entendre les bruits qui en reviennent encore ; mais ce que je sais bien, c'est que les espérances conçues au premier jour par les fils du Quercy ont été largement dépassées.

Faut-il maintenant que je raconte par le menu cette existence d'Évêque qui s'est écoulée sous vos yeux et sous l'admiration de vos cœurs, prêtres vénérés du diocèse de Cahors, et vous fidèles si heureux du guide qui vous a été donné ? Je ne le pourrais, et je vais me contenter d'esquisser les grandes lignes de cette vie qui semble vouloir arriver, après ses autres mérites, aux honneurs du décanat de l'épiscopat français.

Et en cela ma tâche ne sera point difficile. Il y a un miroir tout tracé, un type idéal que S. Paul a décrit, et auquel vous me permettrez simplement de reporter la physionomie morale de votre pasteur.

L'évêque d'un peuple et d'une cité, dit le grand Apôtre, ne doit pas être le premier venu. Il doit avoir tout une série de qualités, dont l'énumération semble faite pour effrayer ceux que des pensées humaines pourraient pousser vers ce redoutable fardeau.

Il doit avoir premièrement toutes les qualités intellectuelles que comporte sa mission de docteur et d'illuminateur des consciences : *ornatum, doctorem, amplectentem fidelem sermonem, potens exhortari in doctrina sana*. Culture de l'esprit, science théologique, orthodoxie de la doctrine, puissance de la parole pour la communiquer, voilà un premier portrait que trace le maître de Tite et de Timothée de celui qui est appelé à l'épiscopat. Reconnaissez-y votre évêque, ô prêtres et fidèles de l'antique et sainte église de Cahors.

Ornatum, esprit orné, cultivé. Je ne fais, Messieurs, que répéter vos propres appréciations en disant qu'il est difficile de trouver plus d'affabilité dans les manières, plus de dignité dans le maintien, plus de connaissances variées dans l'esprit, plus de charme dans la conversation qu'on n'en trouve dans ce Prélat distingué que Dieu a mis à votre tête pour être votre force et votre lumière.

Doctorem, homme de foi et de doctrine. L'Évêque doit être encore cela. Le vôtre l'est-il? Répondez-moi, prêtres qui avez admiré ses écrits et écouté avec tant de profit cette parole sage, équilibrée, pleine de sens et de raison qui sort de sa bouche. Parlez pour moi, population des villes et des campagnes, qui l'avez vu si souvent dans vos établissements et dans vos églises distribuer le pain de la vérité et de la justice, avec ce langage habituellement doux et facile, ferme et vigoureux quand il le fallait, mais toujours empreint de l'esprit de Dieu et des saintes préoccupations de votre salut. Soyez encore mes répondants, jeunes gens des écoles, clercs des séminaires, religieuses des diverses familles qui peuplez ce diocèse, et rappelez-moi quelques unes des saintes impressions que vous ont fait éprouver la vue de votre père, la sagesse de ses conseils et la solidité des instructions qu'il vous a données.

Poursuivons : La séduction de ces descriptions pourrait nous attarder au delà de ce que nous avons résolu.

S'il faut que l'Évêque soit docte et instruit, il faut aussi, toujours d'après le modèle que St. Paul a tracé, qu'il ait une ample provision de qualités morales, afin qu'il puisse contribuer à la sanctification de son peuple, comme par ses qualités intellectuelles il éclairera son esprit. Écoutez-en l'énumération ; elle est longue : *irreprehensibilem, pium, sanctum, sobrium, justum, continentem, non iracundum, non litigiosum*, en un mot, il faut qu'il soit irrépréhensible en toutes choses, homme de paix, de justice et d'éminentes vertus.

Ici, Mes Frères, la discrétion ne me permet pas d'entrer dans des détails qui sont le secret de Dieu et l'honneur de votre Pasteur. Je vous laisse à dire si le reflet de toutes ces qualités que demande l'Apôtre, n'a point frappé plus d'une fois vos yeux ? Je ne veux retenir ici que le zèle, le dévouement, la charité qui sont recommandés à l'évêque, parceque c'est ce qui apparaît davantage et peut plus facilement s'apprécier. Ce zèle pour la maison de Dieu, ce dévouement pour les œuvres apostoliques, qui l'a eu à un plus haut degré que votre Pontife vénéré ? Si je voulais m'en taire, tous les échos du Quercy résonneraient à la fois pour me les redire, et les pierres de cette cathédrale toutes rajeunies par ses soins parleraient au besoin pour accuser mon silence. Levez-vous donc, ô fidèles de Rocamadour, et dites nous ce qu'il a fait pour rendre à votre glorieux pèlerinage son antique splendeur. Qu'elles apparaissent aussi ces Communautés de Gramat, de Vaylats et les autres, qui lui doivent, avec un surcroît de vie religieuse, l'amélioration de leurs bâtiments et la prospérité de leurs œuvres. Qu'il témoigne de ses sollicitudes ce petit Séminaire de Montfaucon qu'il a si heureusement restauré. Qu'elles se présentent ces innombrables églises réparées, ou refaites à neuf, sous sa puissante impulsion. La liste de tout ce qu'a produit son zèle ardent pour la gloire de Dieu serait longue, mais combien aussi son témoignage serait éloquent !

L'Évêque doit encore savoir gouverner sa maison et diriger sa famille. Ses fils doivent être respectueux et soumis, *filios habentem subditos*, et tout, autour de lui, doit être sagement conduit, pour le bien de ceux du dedans et l'édification de ceux du dehors.

Certes, nous n'avons pas de longue dissertation à faire pour apporter la preuve de ces derniers dons de la bonté divine dans votre Pasteur. La paix qui règne dans votre diocèse, l'esprit de docilité et de subordination qui vous distingue tous, l'heureuse entente qui existe entre le troupeau et celui qui le mène, disent mieux que je ne saurais le faire quelle est la sagesse qui préside ici dans les conseils, la douceur dans le commandement et la fidélité dans l'obéissance. Au besoin, la manifestation de respect et d'amour qui nous émeut tous en ce moment nous assurerait qu'il fut peu de chefs spirituels qui obtinrent au même degré l'affection de leur peuple, et qui surent forcer à ce point l'estime même de ceux que l'éloignement de la pratique chrétienne rendrait insensibles à ce sentiment.

O Pasteur vénéré de ce généreux troupeau, levez-vous, et répétez devant lui les saintes adjurations de Samuel déposant sa judicature. Demandez à ces fils de votre cœur, qui m'écoutent en ce moment avec un assentiment si marqué, si vous n'avez pas en toute chose rempli les devoirs de votre charge ; si vous avez injustement molesté quelqu'un ; si vous vous êtes dérobé à la fatigue et aux sacrifices que vous imposaient pour eux votre ministère et votre amour ; si vous leur avez dénié vos conseils, vos sueurs, vos aumônes, vos sollicitudes de toute espèce. Je les vois tendre la main et vous répondre comme autrefois les Israélites à leur vieux pontife rendant ses comptes et examinant l'usage qu'il avait fait du pouvoir : Nous prenons Dieu à témoin et son Christ avec lui que, en toutes choses, vous avez été notre père et notre modèle ; nous jurons que vous vous êtes toujours oublié vous-même pour ne vous occuper que de nous, vos enfants. Personne n'a pu élever contre vous une plainte fondée. Vous ne nous avez rien demandé qui ne fût juste et bon ; vous ne nous avez pris que nos tristesses et nos peines pour les adoucir par vos pardons et vos miséricordes ; vous nous avez donné la paix avec Dieu et avec nous-mêmes. Soyez béni, ô Père, et que Dieu vous rende tout le bien que nous vous devons. *Et dixerunt* : *Testis !*......

Ce n'est pas seulement le témoignage du peuple sur votre bonne administration, ô frère bien-aimé, que j'entends à cette heure solennelle des récapitulations semi-séculaires de

votre vie sacerdotale ; c'est la complaisance de Dieu même
en votre long ministère qui vient aussi s'affirmer. *Juravit
Dominus et non pœnitebit eum.* Entendez-le : Le Seigneur
a juré, et son serment est sans repentance ; il a juré que
vous étiez prêtre et pontife pour l'éternité : *Juravit Dominus et non pœnitebit eum ; tu es sacerdos in œternum.*
Votre clergé et votre peuple répètent ce serment avec la
même allégresse. Eux aussi ils n'ont aucun regret de vous
avoir eu pour pasteur.

Achevez avec courage ce qui vous reste à parcourir de la
route. *Ad multos annos !* C'est le souhait que vous fait votre
ville qui a pris ses habits de fête pour vous témoigner son
affectueux respect ; *Ad multos annos !* C'est le vœu de tout ce
peuple et de tout ce clergé qui vous sont si dévoués.
Ad multos annos ! C'est ce que répètent avec moi ces
Evêques vénérables qui sont venus faire cortège à leur frère
aîné. *Ad multos annos !* C'est ce que Dieu dira lorsqu'il
posera sur votre tête la couronne promise au serviteur fidèle
et qu'il récompensera de sa gloire la plus pure une vie qui
fut toute à son service et à celui de vos frères.

Mes dernières paroles seront pour vous, vénérés prêtres du
Quercy. Hier, vous offriez à votre Pontife bien-aimé des présents d'un grand prix, et vous faisiez votre offrande avec une
effusion de cœur qui nous a tous profondément émus. Il y a
toutefois quelque chose plus capable de toucher votre pasteur que cette crosse précieuse que vous mettiez en ses mains,
comme pour l'inviter à recommencer sa mission parmi vous.
Da mihi animas : donnez-moi des âmes, vous crie son grand
zèle et sa soif ardente de la gloire de Dieu. *Da mihi animas.*
Oui, donnez-lui des âmes, les vôtres d'abord, les âmes des
fidèles qui vous sont confiés, les âmes des pécheurs que vous
saurez bien amener, les âmes des fils, les âmes des pères,
l'âme du troupeau tout entier. *Da mihi animas.* Donnez-lui
des âmes et vous aurez fait son bonheur. Ainsi soit-il.

Après cet admirable discours que l'auditoire écoute avec un intérêt visible et une profonde émotion, le Saint Sacrifice se poursuit. Le *Credo* est chanté en plain-chant par les prêtres et le peuple. Cette majestueuse affirmation de la foi, quand elle sort de milliers de bouches, produit toujours un effet d'une souveraine grandeur. Le *Sanctus* et l'*Agnus* sont de M. Ch. Vervoitte.

Une scène particulièrement touchante a lieu à la fin de la messe; c'est le renouvellement de l'obédience de tout le clergé.

Au jour de son ordination, le nouveau prêtre vient se mettre à genoux devant son évêque. — *Promittis mihi et successoribus meis reverentiam et obedientiam ?* dit l'Evêque — *Promitto,* répond le prêtre. — *Pax Domini sit semper tecum,* (1) ajoute le pontife.

Tel est le serment de respect et d'obéissance que les prêtres viennent deux à deux répéter entre les mains de leur évêque, et tel est le gage de paix qu'ils en reçoivent encore une fois en retour.

Autorité et obéissance, vivifiées et adoucies par la charité apostolique, voilà la formule sublime que l'Église catholique présente à ses amis et à ses ennemis. C'est sa gloire et sa force de la montrer réalisée à tous les degrés de sa hiérarchie. Et quand

---

(1) Me promettez-vous, à moi et à mes successeurs, respect et obéissance ? — Je le promets. — Que la paix du Seigneur soit toujours avec vous.

donc fut-il plus opportun qu'aujourd'hui de donner au monde ce grand exemple ?

On nous avait réservé, pour la fin de la cérémonie, une agréable surprise.

Le Souverain Pontife, sur une demande qui lui avait été adressée quelques jours auparavant, par l'intermédiaire du cardinal Schiaffino, ami particulier de notre évêque, avait envoyé affectueusement à Monseigneur la bénédiction papale à l'occasion de son jubilé sacerdotal, et l'avait autorisé aussi à la transmettre, ce jour-là, à tout son peuple.

C'est par cette bénédiction papale, que Monseigneur donne solennellement du haut de son trône, que se termine la cérémonie. Il ne restait plus qu'à entonner le cantique de l'action de grâces, et c'est en effet au chant du *Te Deum* que le cortège pontifical se met en marche vers l'évêché au milieu de la même foule et des mêmes démonstrations qu'à son arrivée dans la cathédrale.

Au moment où Monseigneur met le pied sur le seuil de l'évêché, Sa Grandeur se retourne vers la foule immense qui l'accompagne et où domine en ce moment surtout le peuple : « Mes enfants, s'écrie-t-Elle, que je vous bénisse encore une fois ».

Cette bonne et paternelle parole tombe comme une douce rosée sur les fidèles inclinés et met le comble à l'émotion. Aussitôt un retentissant vivat lui répond.... Et ce vivat est répété par les prêtres déjà massés dans la cour de l'évêché, qui reçoi-

vent eux aussi, — moment solennel et saisissant !
— la bénédiction simultanée des pontifes réunis
autour de celui qui a été le héros de cette inénarrable fête.

C'est ainsi que se termine cette matinée que le ciel pouvait bien envier à la terre, tant étaient douces et saintes les émotions dont elle était remplie.

IV

LA SOIRÉE DU MERCREDI 27 JUIN.

Monseigneur a voulu passer cette soirée tout entière au milieu de son clergé. Il s'est rendu à midi, avec NN. SS. les Archevêque et Évêques, au grand séminaire pour le dîner auquel il avait invité tous ses prêtres.

C'est justice de rendre hommage au dévouement et au goût parfait avec lesquels M. l'Économe, aidé des élèves du grand séminaire, avait préparé cette réception extraordinaire. Le réfectoire avait été orné d'une décoration sobre et élégante. De fraîches guirlandes et des festons de mousse et de roses encadrant les écussons des prélats en faisaient tout le tour. L'écusson du Souverain Pontife occupait la place d'honneur. Partout des fleurs et des bouquets, comme il convenait à cette fête de famille.

Mais le réfectoire s'étant trouvé insuffisant pour contenir les cinq cents convives, au grand regret de Monseigneur qui aurait voulu avoir ce jour-là tous ses prêtres auprès de lui, on avait dressé des tables dans la galerie voisine.

Le service des tables était fait, avec un zèle et une bonne grâce au-dessus de tout éloge, par les élèves du grand séminaire. Il était vraiment touchant de voir l'empressement de ces jeunes clercs à prévenir les désirs de leurs pères dans le sacerdoce.

Au dessert, Monseigneur se lève et s'adressant aux évêques présents, il dit qu'il éprouve le besoin de les remercier encore une fois d'avoir bien voulu venir assister à cette fête, à laquelle ils ont donné par leur parole et leur présence tant de charme et tant d'éclat. Il espère que la manifestation touchante dont ils ont été témoins, le matin, et à laquelle ils ont eu une si large part, les aura un peu dédommagés du sacrifice qu'ils ont fait. Pour lui il se sent encore tout ému des démonstrations dont il a été l'objet. Il trouve seulement qu'on l'a beaucoup trop loué, et il ne veut retenir de ces éloges, dictés surtout par l'amitié, que la part qui en revient à la Providence. Il reconnait qu'il a été vraiment l'enfant gâté de la Providence. Dans sa longue carrière, il n'a pas eu de difficultés sérieuses ; après avoir été à Clermont le plus heureux des curés, il se trouve à Cahors le plus heureux des évêques. Sa santé même qui était d'abord assez délicate, — au point qu'un médecin de ses amis disait à quelqu'un avec tristesse, le jour de son sacre, qu'il n'en avait pas pour trois ans d'épiscopat, — est allée toujours en se raffermissant. Il se sent vraiment effrayé à la pensée des grâces dont le Seigneur l'a comblé, et il supplie ses collègues dans l'épiscopat et son clergé de l'aider par leurs prières à ne pas s'en montrer trop indigne.

Puis mêlant à propos à ces graves pensées une note plus gaie, Monseigneur raconte quelques particularités de sa vie et notamment une anecdote qui intéresse beaucoup l'auditoire et qu'on pourrait intituler *Histoire d'une jambe cassée* ou *comment on devient secrétaire*.

Quel n'a pas dû être l'étonnement de mes prêtres, nous dit Sa Grandeur, quand ils ont appris, ce matin, de la bouche de Mgr de Rodez, que j'avais été pendant deux ans secrétaire de l'évêché de Clermont ! Pour une fonction semblable, il faut évidemment un calligraphe ; et tout le monde sait hélas ! que je ne suis rien moins que cela.

Monseigneur nous donne l'explication de l'énigme. Pendant les premières années de son vicariat à la cathédrale de Clermont, étant allé voir un malade au milieu d'une nuit noire, il tomba d'un premier étage et se cassa une jambe. Les suites de cet accident l'ayant condamné au repos, il quitta provisoirement le ministère et se retira dans sa famille.

Mais Mgr Féron, ne voulant pas laisser le jeune

et distingué vicaire sans un titre et sans un semblant d'occupation, tout heureux aussi sans doute de l'initier de bonne heure aux secrets de l'administration diocésaine, le nomma secrétaire de l'évêché, mais sans lui imposer toutefois toutes les charges de cette fonction. Voilà comment Monseigneur dut à sa jambe cassée d'avoir été pendant deux ans secrétaire, malgré sa mauvaise écriture.

Nous nous permettons d'indiquer ce procédé aux jeunes aspirants secrétaires, sans leur promettre cependant qu'il sera partout et toujours infaillible.

Cette disgression excite dans l'assistance une douce hilarité, surtout après les réflexions qu'est venu y ajouter Mgr de Nimes. Mgr Besson s'intéresse beaucoup aux secrétaires de nos évêchés, il a gémi souvent de l'oubli presque ingrat dans lequel on laisse les services rendus par ces ouvriers modestes mais si utiles de l'Église. Aussi a-t-il été heureux, ce matin, en entendant l'éloge qu'en a fait Mgr de Rodez. Il espère bien que le discours de son collègue dans l'épiscopat sera imprimé, et que, en particulier, la page qu'il a consacrée aux secrétaires fera le tour de la France, et, pénétrant au fond de tous nos secrétariats, viendra y exciter un sentiment de profonde reconnaissance. Pour lui, il n'aura rien de plus pressé, aussitôt arrivé à Nimes, que de la faire connaître à ses deux secrétaires.

Nous faisons le même vœu, en exprimant toutefois le désir que la page de Mgr de Rodez soit accompagnée, dans son tour de France, des commentaires spirituels de Mgr de Nimes.

Monseigneur termine ensuite son allocution en disant combien il est touché des vœux qu'on lui adresse de toutes parts. On lui souhaite de longues années, suivant la formule de la liturgie. Certes, il ne demande pas mieux. Il fait si bon vivre au milieu de son cher clergé, et de ses chers fidèles du diocèse de Cahors! Cependant, comme il plaira au Seigneur ! S'il lui plaît de lui accorder encore quelques années et de lui faire monter les derniers sommets de la vieillesse, il ne demande qu'une chose, c'est qu'il lui accorde aussi de ne rien perdre, en vieillissant, de la vigueur de l'intelligence et de l'activité du zèle. et il propose d'ajouter un mot aux paroles qu'on lui a si souvent adressées aujourd'hui, *ad multos et plenos annos !*

Pendant que Monseigneur prononçait son allocution vivement applaudie, un incident s'est produit. Les prêtres qui se trouvaient dans la galerie voisine, ne recevant qu'un trop faible écho de ses paroles, et avides de les recueillir complètement, ont envahi le réfectoire et sont venus se ranger en masse autour de la table d'honneur qui occupait le milieu de la salle. Et c'est au milieu de cette couronne vraiment imposante de prêtres que Monseigneur a continué à parler.

Quand Sa Grandeur a terminé, Mgr l'Archevêque d'Albi se lève à son tour et se faisant, comme la veille, l'interprète des sentiments de ses collègues dans l'épiscopat, il dit combien ils sont émus, eux aussi, du spectacle qu'ils ont sous les yeux et quels doux souvenirs ils emporteront, dans leurs diocèses, des fêtes de Cahors. Puis, en offrant ses vœux à notre évêque, il rappelle avec beaucoup de finesse à Sa Grandeur qu'il y a longtemps qu'Elle ne boite plus et marche très droit. Il est heureux de constater que la Providence a donné un formel démenti au verdict du médecin de Clermont. Il espère bien qu'Elle restera encore longtemps au milieu d'eux, pour les aider de ses lumières et de son expérience, sans avoir besoin de rien corriger dans sa vie, quoiqu'Elle en dise, — pas même son écriture. C'est dans cette confiance qu'il se plaît, au lendemain de ces cinquante années si fécondes, à redire ce cri d'amour de son clergé et de ses diocésains : *Ad multos annos !*

Il semblait qu'il n'y avait plus rien à ajouter à ces gracieuses paroles de notre vénéré métropolitain, et on était sur le point de se lever de table en effet, lorsque M. le Chanoine Barrière, ancien vicaire de Mgr Grimardias, à la cathédrale de Clermont, dont nous avons pu apprécier les brillantes qualités oratoires à l'avant-dernière station du carême, demande la permission à la vénérable assistance de prendre la parole, et prononce, d'une voix frémissante d'émotion, l'allocution suivante que nous sommes heureux de pouvoir publier :

MONSEIGNEUR,

Après les discours éloquents qui vous ont été adressés hier et ce matin, je devrais garder le silence ; mon cœur me défend de me taire. Il manquerait une note dans ce concert de louanges, si une voix partie de l'Auvergne ne venait s'y mêler. Aussi bien, si dans ces cinquante années que l'on honore aujourd'hui vingt-deux appartiennent à Cahors, Clermont, pour sa part, en revendique vingt-huit. Les œuvres qui ont rempli ces vingt-huit années, Clermont ne cesse pas d'en recueillir les fruits, et ce sont elles qui ont préparé cet épiscopat dont Cahors est l'heureux bénéficiaire.

Il y a cinquante ans, Monseigneur, vous étiez nommé, au sortir du séminaire, vicaire de la cathédrale de Clermont. Votre maturité précoce vous gagna aussitôt la confiance respectueuse des fidèles, et les anciens dans le sacerdoce vous regardèrent avec une bienveillance mêlée de joie, à la pensée des services que vous étiez appelé à rendre à l'Église. Plus tard, quand la cure de la cathédrale vint à vaquer, notre vieil évêque, Mgr Féron, de regrettée mémoire, ne faisait que répondre aux vœux de tous, en vous appelant à l'occuper.

Je ne dirai pas toutes les œuvres que votre zèle vous inspira ; après Mgr de Rodez je ne puis que glaner. Parmi ces œuvres, il y en a une néanmoins que je me plais à rappeler, c'est le catéchisme de persévérance des garçons. On l'avait décoré d'un nom un peu solennel ; on l'appelait la conférence des jeunes gens. Il paraît qu'il fallait ménager la vanité ombrageuse des lycéens. Je ne sais si la précaution était bien nécessaire. Vous paraissiez si heureux de venir au milieu de nous ! Nous étions si heureux de vous voir et de vous entendre ! Vous aviez si bien choisi votre second ! (1) Vous lui aviez si bien communiqué votre pensée !

Une fois que les lycéens eurent mordu à l'hameçon, ils se montrèrent fidèles. J'en connais qui, munis de leur diplôme de bachelier, voulurent continuer à aller aux *Conférences*. Dans le cours de mon ministère, j'en ai rencontré qui aimaient à se rappeler le souvenir de ce temps heureux. Plusieurs se font remarquer, parmi les chrétiens de Clermont, par leur ferveur et leur générosité ; plusieurs autres sont entrés dans le sacerdoce ; et si, ce matin, en tenant la Sainte Victime, j'ai pu, Monseigneur, joindre mes prières aux vôtres, la remercier des grâces qu'elle a répandues sur vous, la supplier de les continuer longtemps encore, c'est à cette œuvre bénie que je le dois.

Après le catéchisme de persévérance des garçons, le catéchisme de persévérance des filles. A peine en eûtes-vous annoncé l'ouverture que les jeunes filles affluèrent. Au bout de deux ans, le catéchisme en comptait 350 et il pouvait soutenir la comparaison avec les catéchismes si célèbres de Paris. Tout autre ne serait arrivé à de pareils résultats qu'après de longues années ; pour vous, il vous avait suffi de faire entendre votre appel, tant était grande votre influence. Elle s'exerça non seulement sur la paroisse de la Cathédrale, mais sur la ville tout entière. Toutes les portes vous étaient ouvertes ; les riches étaient heureux de vous voir, les gens du peuple étaient fiers de vous recevoir sous leur toit. Cette influence était si incontestée que le premier magistrat du ressort judiciaire put dire, au jour de votre sacre, que vous aviez été le curé de Clermont. Et cependant vous n'aviez jamais couru après la popularité, vous n'eûtes jamais à vous reprocher de lâches complaisances. Vous aviez

---

(1) M. l'abbé Verdier, aujourd'hui vicaire général de Mgr Grimardias.

conquis la sympathie des riches par la distinction de vos manières, celle des pauvres par votre générosité ; nul ne pouvait résister à votre affabilité.

Permettez-moi de rappeler un détail. C'était en 1862 ; l'Empereur était à Clermont ; les autorités avaient dû comparaître devant lui. Il venait de déposer sur votre poitrine la croix de la Légion d'honneur. Au sortir de la Préfecture, une voix s'éleva du milieu des groupes nombreux qui couvraient la place ; c'était la voix d'un ouvrier. « Ah ! dit-il en barrant un F... avec une énergie qui était encore plus dans son cœur que sur ses lèvres, que je suis content ! » Il ne faisait qu'exprimer le sentiment de tous.

Mais non, je me trompe, tous n'étaient pas contents. On trouvait que la cure de la Cathédrale ne répondait pas à votre mérite ; on ambitionnait pour vous les honneurs de l'Episcopat. Ces honneurs, il y avait longtemps, Monseigneur, qu'ils vous auraient été accordés, si votre fierté sacerdotale n'avait pas montré à quel point vous en étiez digne.

Enfin, l'on apprit que vous étiez nommé Evêque de Cahors. Ce fut une grande joie et comme un soulagement général. Je me souviens de l'enthousiasme qui éclata au jour de votre sacre. Quand, après la cérémonie, vous sortîtes de l'Evêché, pour retourner au Presbytère, c'était un véritable encombrement. Je le sais, j'étais à vos côtés, c'était à moi d'ouvrir les rangs et vous me donniez une rude besogne. Laissez-moi, me dit un pauvre homme, je veux toucher une dernière fois les mains de mon curé !

Nous étions à la joie ; hélas ! fiers de votre triomphe, nous avions oublié que vous alliez nous quitter. Ce ne fut qu'après votre départ que nous comprîmes le vide qu'il devait faire parmi nous. Nul ne le sentit autant que vos vicaires. Comment oublier ces moments si doux que nous passions auprès de vous, aux heures de récréation ! Comme les labeurs de la journée étaient vite oubliés ! Jamais rien qui ne fut conforme aux règles du bon ton et de la bonne société, et toujours pourtant le plus aimable abandon. C'est alors que nous goûtions la vérité de la parole du Psalmiste : *Ecce quàm bonum et quàm jucundum.*

Mgr de Rodez avait raison de mettre en doute que les regrets de Clermont aient été consolés. Ils ne furent pas consolés ; mais ils furent adoucis quand nous apprîmes comment Cahors avait *fêté ses espérances*. Alors je ne fus pas témoin ; mais j'ai vu, ce matin, Monseigneur, comment il en a fêté la réalisation. Quel spectacle ! ! Ce clergé, accouru de tous les points du diocèse, groupé autour de vous; son émotion, quand on vous rappelait les faits mémorables qui ont signalé votre épiscopat ; cette cité tout entière debout, se découvrant respectueusement sur votre passage, ces rues transformées en un arc de triomphe sans fin, ces acclamations qui ont éclaté à votre entrée dans la cathédrale, malgré la majesté du lieu saint, et qui me rappelaient les acclamations dont les voûtes de St-Pierre ont retenti, à la Messe du Jubilé du S. Père. J'y étais, Monseigneur, et les vives émotions que j'ai ressenties alors, je les ai éprouvées encore ce matin.

Ce sera une joie pour tant de cœurs qui vous sont restés dévoués à Clermont, d'apprendre avec quel enthousiasme ces fêtes ont été célébrées. Ce sera une joie pour notre évêque bien-aimé qui serait ici s'il n'avait écouté que le mouvement de son cœur, mais qui en a été empêché par ses travaux et ses fatigues.

Que dis-je ? Ce n'est pas seulement une fête du Quercy, une fête de l'Auvergne ; ces solennités auront un écho dans la France entière. L'Église aime son Pape; la France aime ses évêques. C'est bien dans ces circonstances que l'Église apparaît comme l'armée rangée en bataille dont parlent les Écritures, armée pacifique, mais invincible ; et en voyant l'union intime qui existe entre vous et vos prêtres, Messeigneurs, la France saura que, malgré les temps troublés qu'elle traverse, elle peut espérer encore le triomphe. N'est-ce pas que j'interprète vos sentiments, ô vous, mes frères dans le sacerdoce? N'est-ce pas qu'une même pensée nous anime? Aussi avec quel enthousiasme nous unissons nos cœurs et nos voix pour dire à Monseigneur : *Ad multos annos !*

Ces paroles éloquentes, qui manifestement partaient du cœur, sont aussi allées au cœur de tous, et, par les applaudissements qui les ont accueillies, M. le Chanoine Barrière a pu comprendre quelles sympathies il avait trouvées et il gardera auprès du clergé Quercynois.

Monseigneur, tout ému des souvenirs qui viennent de lui être rappelés et des témoignages de piété filiale que vient de lui donner un de ses plus chers enfants des Catéchismes de Clermont, appelle M. le Chanoine Barrière auprès de lui et le presse sur son cœur avec une effusion toute paternelle.

C'est sous l'impression produite par cette touchante scène que tout le monde se lève.

Les heures de l'après-dîner se passent à l'intérieur du Séminaire, dans des promenades et des entretiens charmants. Les prêtres sont heureux de se retrouver, quelques-uns après une assez longue séparation, au sein de ce berceau de leur vie sacerdotale où les murs eux-mêmes ont un langage et un attrait particuliers. Heures délicieuses, mais hélas ! trop courtes, puisque beaucoup d'entre eux sont obligés de partir dans la soirée, pressés qu'ils sont de rejoindre leurs chères ouailles.

Deux cents environ ont pu rester cependant pour assister à la séance académique et musicale qui avait été fixée à cinq heures.

Cette séance n'avait été décidée qu'une quinzaine de jours avant la fête, pour des raisons qu'il est inutile d'expliquer. Nos musiciens et nos littérateurs n'ont donc eu que peu de temps pour la préparer.

Certes, nous ne disons pas cela pour solliciter l'indulgence en leur faveur. Nous croyons, — et tous ceux qui les ont entendus seront unanimes à le proclamer avec nous, — qu'ils n'en ont pas besoin.

Mais nous tenons à noter d'avance que, si les compositions que nous allons citer portaient par-ci par-là les traces d'un travail un peu précipité, on aurait vraiment mauvaise grâce à le leur reprocher.

Quoique presque improvisée, cette séance dont le Grand Séminaire, la Maîtrise, l'Institution des Petits-Carmes et quelques ecclésiastiques de talent ont fait tous les frais, a été des plus intéressantes.

Nous pensons que les plus délicats en fait de belle musique et de belle littérature ont eu lieu d'être satisfaits, comme l'ont montré du reste les applaudissements souvent répétés qui ont accueilli les pièces produites.

La séance s'est ouverte, à l'heure indiquée, dans la salle des exercices du Séminaire, devant une brillante réunion, composée de NN. SS. les Archevêque et Evêques, qui avaient pris place sur une estrade préparée tout exprès, et d'un nombreux clergé.

Après une entrée brillamment jouée par la Fanfare des Petits-Carmes, qui nous a rendu un signalé service pendant toute la durée de la fête et à laquelle nous adressons aussi nos sincères félicitations, on a entendu une Cantate sur les *Noces d'or* exécutée de même par les élèves du Grand Séminaire et ceux de la Maîtrise.

Ce morceau musical, d'une allure franche et toujours naturelle, trahit un auteur modeste mais d'un talent réel. Le couplet, chanté exclusivement par les enfants, est surtout d'une suavité remarquable.

C'est l'œuvre du jeune et intéressant organiste de notre Cathédrale, M. Vigouroux, qui en est encore à ses débuts de compositeur, mais qui sera encouragé à continuer, nous l'espérons du moins, par ce premier succès.

Puis vient un dialogue en vers français, débité avec un naturel charmant par deux enfants de la Maîtrise, et vivement applaudi comme il le méritait. Il avait été composé, sur un thème fourni d'avance et adapté à la circonstance, par M. l'abbé Camille Vignié, un talent poétique qu'on

ignorait et qui s'ignorait aussi un peu trop lui-
même et auquel nous sommes heureux d'avoir
fourni l'occasion de se révéler. Nous le donnons
en entier, bien sûr qu'il fera les délices de nos
lecteurs, comme il a déjà fait les délices de ceux
qui l'ont entendu.

Deux enfants de la Maîtrise se rencontrent, le
matin de la solennité du 27 juin, dans le cloître de
la Cathédrale et s'entretiennent de la cérémonie qui
se prépare. L'un d'eux, tout nouvellement arrivé,
demande à son jeune compagnon plus ancien ce
que signifient tous ces préparatifs. En lui donnant
les explications demandées, l'ancien fait successivement passer sous les yeux du nouveau et les pom-
pes de cette fête, et la belle vie de notre Evêque
esquissée à grands traits, et les Prélats qui sont
venus nous honorer de leur présence, et pour lesquels il a une louange fine et délicate.

Ecoutez :

L'ancien.

Vous êtes le nouvel enfant de la Maîtrise ?

Le nouveau.

Oui, c'est moi-même.... Aussi, jugez de ma surprise,
Lorsque, à peine arrivé, ce matin, en ces lieux,
Un spectacle étonnant s'est offert à mes yeux.
J'ai voulu visiter la vieille cathédrale,
Et j'ai vu, dans le chœur qu'éclaire un jour d'opale
Tombé des grands vitraux aux brillantes couleurs,

Des tapis étendus, des tentures, des fleurs,
Et des trônes.... Si bien qu'il me vient en pensée
Que cette église a pris des airs de fiancée !
Je sors et m'aperçois qu'ici, sur tous les fronts,
Je ne sais quelle joie allume des rayons.....
On sent autour de soi comme un parfum de fête !
Dites-moi donc pour qui cette pompe s'apprête ?

L'ancien.

Eh quoi ! vous l'ignorez encore ? votre cœur
Ne vous l'a-t-il pas dit ?

Le nouveau.

Est-ce pour Monseigneur ?

L'ancien.

Oui, c'est pour Monseigneur, oui, c'est pour notre Père !...
Tout prêtre a, dans sa vie, un doux anniversaire
Qu'il se plait à fêter entre tous ; c'est celui
Que notre évêque va célébrer aujourd'hui !
Heureux privilégié ! ce sera cette année
La cinquantième fois qu'il voit cette journée !
Ah ! puisse-t-elle encor bien souvent revenir !

Le nouveau.

Vous m'apprendrez, ami, quel est le souvenir
Que ce jour à son cœur comme au vôtre rappelle.

L'ancien.

Écoutez.... Un matin, au fond d'une chapelle,
Un prêtre, jeune et beau comme un ange du ciel,
Gravissait en tremblant les degrés d'un autel.

Pour la première fois, sublime ministère !
Il allait célébrer l'auguste et saint mystère ;
Et bientôt, en effet, pour la première fois,
Dieu même sur l'autel descendit à sa voix !...
Cinquante ans ont passé depuis l'heure lointaine
Qui voyait s'accomplir cette touchante scène :
Le temps a fait son œuvre, et le prêtre d'alors
On l'appelle aujourd'hui l'Évêque de Cahors !

Le nouveau.

C'est donc son Jubilé que notre diocèse
Veut célébrer, ainsi qu'a fait pour Léon treize
Le monde entier uni dans un commun transport :
L'Évêque après le Pape aura ses noces d'or !

L'ancien.

C'est juste, il contracta, le jour de sa prêtrise,
L'hymen qui lui donnait pour épouse l'Église.
Cette union bénie a duré cinquante ans ;
Dieu veuille qu'elle dure encore bien longtemps !

Le nouveau.

Cinquante ans de prêtrise ! ô Dieu ! Quelle carrière !
Et celui qui l'a pu parcourir tout entière,
Certes, mérite bien d'être fêté par tous.

L'ancien.

Oui, l'on doit le fêter ! Et ce devoir est doux
Quand on sait ce qu'il fit en ces cinquante années.
Que de cœurs abattus, d'âmes abandonnées
Se sont sentis renaître au contact de sa main,
Et du ciel, à sa voix, ont repris le chemin !
Que de maux soulagés, que de larmes taries !

Le nouveau.

A Clermont, où vivra toujours son souvenir,
On n'a pas désappris encor de le bénir.....

L'ancien.

Puisque Clermont ainsi lui demeure fidèle,
L'Église de Cahors, ami, que fera-t-elle ?...
Parmi nous, messager céleste, il vint un jour
Semer le dévouement et récolter l'amour !
Si belle est la moisson, riche fut la semence !
Depuis plus de vingt ans, voilà qu'il recommence,
Dans le champ qu'en partage il reçut du Seigneur,
Sans trêve et sans merci, son rude et saint labeur !
Hier, il sillonnait dans ses courses fécondes
Les plaines que le Lot arrose de ses ondes ;
Il part, sa tâche faite, et nos Causses sans eaux
Le verront, dès demain, visiter leurs plateaux.
Bientôt le Ségala, sous de vertes arcades,
Va lancer un galop bruyant de cavalcades
Au devant du pasteur aimé qui tant de fois
Est revenu s'asseoir à l'ombre de ses bois !...
C'est ainsi qu'il parcourt les campagnes, les villes,
Dédaigneux du repos et des paresses viles,
Et, parmi nos chemins, on n'en trouverait pas
Qui ne puisse montrer la trace de ses pas !

Le nouveau.

C'est vrai, rien ne le lasse et sa verte vieillesse
Garde toujours des airs d'éternelle jeunesse.

L'ancien.

Et pourtant je n'ai pas tout dit : le livre d'or
De ses œuvres contient bien des pages encor.

La vieille cathédrale a, sous sa main bénie
Qui va semant partout la grâce et l'harmonie,
Retrouvé depuis peu son ancienne splendeur.
L'autel majestueux, les verrières du chœur,
Sur les murs restaurés les fresques effacées
Renaissant, de couleurs nouvelles rehaussées,
Les pignons élégants qui parent le chevet,
Les dômes que naguère encore on achevait,
Voilà ce qu'il a fait pour rendre à cette église
Sa beauté d'autrefois.....

Le nouveau.

Dites-moi, la Maîtrise
Dont nous sommes tous deux les enfants aujourd'hui
Qui donc l'a-t-il fondée, ami, n'est-ce pas lui ?

L'ancien.

Oui c'est lui, toujours lui ! Chaque jour voit éclore,
Au souffle de ce zèle ardent qui le dévore,
Comme une floraison de monuments pieux.
Ici, c'est une église au clocher gracieux,
Plus loin, c'est un couvent asile de prière,
Là, c'est Roc-Amadour, l'antique sanctuaire
Dédié par Zachée à la reine du ciel
Qui, secouant un deuil bien long et bien cruel,
Dans ses murs rajeunis, ainsi qu'aux premiers âges,
Attire de nouveau les saints pélerinages !.....

Le nouveau.

Je comprends maintenant, votre amour, vos transports.
Oui, nous devons fêter l'Evêque de Cahors,
Nous ne saurons jamais, tant la tâche est immense,
Lui témoigner assez notre reconnaissance.

L'ancien.

Oui c'est vrai, mais du moins nous pourrons en ce jour
Lui dire nos respects, lui montrer notre amour !...
Voilà pourquoi bientôt, dans cette Cathédrale,
Vous verrez s'avancer, escorte triomphale,
Cinq cents Prêtres rangés autour de Monseigneur.
Ils sont venus en foule, à leur Père et Pasteur,
Ainsi que de bons fils, offrir leurs vœux de fête,
Et lui redire encor, promesse déjà faite,
Le serment solennel de toujours obéir.
Ils laissent, comme gage et comme souvenir,
Une houlette d'or, juste et touchant symbole
De cette autorité qui soutient et console.....
Forte et douce à la fois, elle guide nos pas ;
Même quand elle frappe, elle ne blesse pas.

Le nouveau.

Ah ! que cette journée, ami, s'annonce belle !

L'ancien.

Bien mieux, pour lui donner une splendeur nouvelle,
Huit Evêques, hier, arrivaient en ces lieux......
Ils ont quitté leur Siège et sont venus joyeux
Assister, en amis, au triomphe d'un frère,
Et prendre un avant-goût de leur cinquantenaire.
C'est le doux successeur des Clair et des Alain,
L'Archevêque d'Albi, le métropolitain
Devant qui la croix d'or à deux branches s'avance ;
C'est l'ange de Rodez dont la mâle éloquence
Va chanter les vertus de notre cher Pasteur ;
C'est l'Evêque de Nime, écrivain, orateur ;
Ceux de Pamiers, d'Agen, de Montauban, de Mende,
Prêts à voler partout où l'amitié les mande ;

C'est celui de Châlons que Saint Memmie, un jour,
Vint, pour son successeur, prendre à Roc-Amadour.

Le nouveau.

Ecoutez..... A grand bruit, la haut, les cloches sonnent ;
Sous le parvis sacré des cantiques résonnent.

L'ancien.

Vite..... Allons occuper nos places dans le chœur,
Et tous ensemble, ami, prier pour Monseigneur.

Après ce dialogue qui a eu pour une bonne part les honneurs de la séance, nous avons entendu avec un grand intérêt une narration en prose française que nous a lue un jeune élève de rhétorique des Petits-Carmes.

Le sujet, pris dans notre histoire locale, avait été on ne peut plus heureusement choisi ; c'était le récit de la Dédicace de la Cathédrale de Cahors, au VIIe siècle, par saint Didier, un de nos plus saints et de nos plus illustres évêques.

Le tableau de la ville de Cahors se relevant des ruines sous lesquelles l'avait ensevelie la barbarie de Théodebert, grâce à la féconde administration de son grand Evêque Didier, était vraiment bien touché. Mais ce qui a le plus frappé l'assistance peut-être, ce sont les allusions transparentes que renfermait ce récit, les rapprochements qu'il suggérait avec un remarquable à-propos.

Lorsque le jeune narrateur nous a fait le portrait de Didier entrant dans sa Cathédrale magnifiquement restaurée par lui, pour en faire la dédicace solennelle, et celui des évêques qui l'entouraient, il était impossible de ne pas songer au spectacle que nous avions eu, le matin, sous les yeux ; il n'y avait qu'à changer les noms propres.

L'allusion devenait même tout à fait directe dans cette conclusion qui terminait délicatement le récit et que nous sommes heureux de citer :

« L'œuvre de Didier a traversé les âges ; le temps en a respecté l'imposante architecture. Elle est encore debout, immobile, parée comme au premier jour. Une délicate libéralité a rajeuni ses atours ; et aujourd'hui elle a dû tressaillir en voyant un pontife béni, entouré du même cortège, renouveler après tant de siècles les splendeurs dont elle fut le théâtre au temps de sa dédicace. »

Nous adressons nos félicitations au jeune rhétoricien pour la manière dont il a traité le sujet ; son style était, d'un bout à l'autre de la narration, d'une élégance sobre, puisée aux sources du meilleur goût classique.

On avait réservé pour le milieu de la séance deux poésies, l'une latine, l'autre patoise, qui offraient entre elles un rapprochement des plus heureux et ont été très goûtées.

Le vers latin avait été convié à la fête, et il est venu en effet y tenir sa place avec honneur, protestant ainsi contre l'injustice dont il est aujourd'hui victime, contre la regrettable exclusion dont il a été frappé au sein de nos écoles.

Il faut dire qu'il avait confié sa cause à de bonnes mains ; c'est M. l'abbé Albessard en effet qui a été chargé de soutenir sa vieille gloire.

Ce n'est pas la première fois qu'il nous est donné d'apprécier le talent de M. l'abbé Albessard pour le vers latin. Il se passe peu de fêtes parmi nous sans que sa poésie vienne s'y mêler. Nous sommes persuadé qu'on formerait un écrin charmant rien qu'avec les distiques et les quatrains qu'il a composés à l'occasion de chacune d'elles.

Il y fait lui-même allusion :

> Hæc sunt in votis, Tibi quondam dicta soluto
> Sermone et versu ; nunc repetita placent.

Dans la pièce d'aujourd'hui qui est de plus longue haleine et qui porte justement pour titre *Vox Cleri*, le poète se fait l'interprète des sentiments du Clergé envers Monseigneur, à l'occasion de son Jubilé sacerdotal.

Il dit en des vers bien frappés, et l'objet de cette fête :

> Bis tu, Petre, novem fecisti millia sacra :
> Sanguine divino tàm rubuêre manus !

Et l'empressement du clergé à venir y assister;

> Advolat hinc hodiè clerus dans pignus amoris
> Haud dubii ; fiunt corda corona Tibi !

Il esquisse en traits délicats le portrait de Monseigneur, il dit sa bonté;

> Inviso placeat vi regna tenere tyranno;
> Vinctos, Tu dulci victor amore tenes.

Son zèle pour élever des temples au Seigneur;

> A Christo electus princeps in gente Caturcâ,
> Undique jussisti surgere templa nova.

Sa verte vieillesse;

> Opprimit incautum vulgus non fausta senectus,
> Dum florent nostri tempora longa Petri.

Il termine en exprimant les vœux de tous:

> Hœc tibi vota ferunt atque uno pectore clamant:
> *Ad multos annos*, prospera dante Deo!

Nous aurions aimé à pouvoir donner la pièce tout entière. Mais les citations que nous avons faites suffiront pour en faire connaître le mérite et justifier la faveur avec laquelle elle a été accueillie.

Après le clergé, c'est le peuple qui vient à son tour exprimer, dans son langage, les sentiments qui l'animent envers Monseigneur, au souvenir de tout ce qu'il doit à Sa Grandeur.

Le peuple a trouvé un organe digne de lui dans M. l'abbé Gary, dont la réputation n'est pas à faire, puisqu'il a déjà conquis par ses poésies patoises une place d'honneur parmi nos bardes quercynois.

Mais nous ne croyons pas que sa muse ait été

jamais mieux inspirée que dans cette pièce, que nous allons donner en entier, et qui est intitulée *Lo Bouès del poblé*. On y admire, avec une connaissance approfondie des richesses poétiques de notre idiome, une verve entraînante. Rien de gracieux, de pittoresque, d'animé, comme cette description des tournées pastorales de Monseigneur. On va en juger.

LO BOUÈS DEL POBLE

Cognosco (oves) meas et cognoscunt me meæ.
Counessi moun troupél, moun troupél me counei.
JOAN. X. 14.

Ond oquesto poulido fésto
Quicon, m'es obis, moncorio,
Se del poble lo bouès moudésto,
Din soun lengage, nou benio
Dire soun mot : un mot de joyo,
Un mot de respec é d'omour.
Ah ! n'es pas fésto cado jour !
Oquesto es lou cél que l'emboyo.
Ne poudén plo remercia Diou
S'obén gordat un to bél briou
Un Postour qu'oïmén coumo 'n paire.
N'o cinquanto ons qu'es counsocrat
E n'o bint-o-dous qu'es dintrat
Ol mét de nàutres. You pecaïre,
Din moun lengage un pàu groussié,
Que sero pas men bertodié,
Bàu dire nàu ço que lou poble,
Ol fronc porla coumo ol cur noble,
Penso é dis tout bas, Mounsegnour,

Quon parlo de Bostro Grondour.
Escusas soun simple lengage :
Dis que de toujes ô bel tal
Sés l'ome lou pus coumo cal.

Pàure poble ! Din soun juine age,
D'aqueis Segnours o 'uzit porla,
Qu'on lour sequélo se possabou
Per soun bilage, l'i doissabou
Pas res que lus éls per ploura ;
E, son fa fi que n'y o be enquèro
Que prénou soun song, soun orgen,
Countr'elses se boto'n coulèro.
Permobouno, oco se counpren.
Quon Mounsegnour l'Obesque passo,
Olèro n'es pas plus oïtal :
Lou poble l'i bol pas de mal,
Sat que so mo n'es jomaï lasso
De benesi, sat que soun cur,
O l'image del dibén Méstre,
Nou desiro que soun bien éstre
Oici bas, omoum soun bounur.
Otobe couci lou festejo
Quon be, cado on, lou besita !

Mouisegnours, mo lengo trostejo
Aro que zo boudrio counta.
Zo foraï pourtan. De lo sorto
Beïres que lo fe n'es pas morto
Din nostre poys quercinol.
Malgrét lou misson ten que passo,
Lou préstre l'y gardo so plaço
E lo gordoro, se Diou bol.

Ol pròne, un curé n'o qu'ò dire :
« Monsegnour orribo tal jour. »
Lou poble dis : « Cal que tout tire,
Pertout fòu bien, foren milhour. »

Lus drolles courrou pét é coumbo :
De mousso, de bouï derroigats
S'entornou lou ser to corgats
Que maï d'un tsul faï se desploumbo.
E, de lours dets léstes é fis,
Los filhos d'oquelo berduro
Foròu de cordos son mesuro.
Onoròu quérre pel poys
De roméls ò plenos foudados,
E, quon Mounsegnour possoro,
Oun qu'ogaje de flours beïro,
Tsu sous pés seròu semenados.

Anfin lou jour es crribat.
Lo compono que trilhounejo
De se rejoui dono embejo ;
Tout lou mounde es endimenjat.
Cado filheto, ò pounjo d'àubo,
O bestido so blonco ràubo ;
Sus cado routo, en poussessiou,
De los porroquios pu besinos,
Se beï de troupos enfontinos
Beni pel lo counfirmociou.

Mounsegnour, tout cot, uno escouado
De cobolhés, lou sabre ol pun,
Seguts d'uno bolento ormado
D'omes que cregnou pas degun,
Bo bous ottendre ò lo frountièro.
Se lour tengudo es pas guerrièro,
Car bòu pas junta l'enemit,
Lour cur es càu tsu lo belouso,
E lour mino o l'aïre omistouso
Couino quon rebèsou 'n omit.

O lo dintrado del bilage,
Un arc de triounfe es mostat.

Oqui, lo joyo sul bisage,
Cadun entouro lou Prelat.
L'yo lo Fobriquo tout entièro,
Tout lou Counsel municipal
O l'entour de moussu lou Mèro
Que fo 'n counplimen coumo cal.

Aro seguén lo loungo oléio
Que d'oqui nous meno ò lo gléio.
Pertout berduros é festouns,
Bonièros pijounos é grondos,
Tout cot de drats ples de gorlondos
E de tobléous de touj'eï nouns.

Del ten que lo gléio s'emplino,
Moussu lou Curé sul souilhet
Legis, de so boués lo pu fino,
Quicon qu'es pas brio d'un potet.

Con de mounde! copélos plenos!
E deforo ton que dedin!
Aro 'scoutas : coumo d'ourguenos
Tout canto omasso..... Qu'un entrin !
Qual es lou pus poulit contique ?.....
Moun Diou ! que tout es mannifique !
E n'entendi maï d'un que dis :
« Que sero doun lou Porodis ? »

Mès ò lo fésto, aro, z'espèri,
Los Amos cal be qu'ajou part :
Componos, sounas bostre clar,
Onén toujes ol cemetèri.
E, lou chopelet ò lo mo,
Tristo, lo poussessiou l'y bo.

Quon torno, coumo sul possage
De Nostre Segne, besés doun :

Cado maire te soun moïnage
E descato soun poulit froun
Per qu'en possen lou l'i signésses,
Mounsegnour. Se dis din soun cur
Qu'oco l'i pourtoro bounur.
Risquo pas res que z'òublidésses :
Bostre bisage l'i souris
E bostro mo lou benesis.

Ound es lou ten qu'opeï dintrabes
Din cado moïsou d'estructiou,
Pourten bostro benodictiou
Ois méstres, ois efons ?... Porlabes,
E Diou sat lou be que fosio
Lo poràulo omistouso é sento
Que de bostro bouco sourtio.
Poudés plus... Més dintras son crento
Din los escolos qu'òu gordat
Ombe lour Diou lo libertat ;
Sobés couci l'y bous reçabou.
Jèsus ! pertout zo foriòu be.....
Qu'es doumage que bous entrabou
Quon domondas qu'ò fa del be !

Aro es fenido lo besito.
Coumo àutres cots seguiòu Sent Pol,
Lou poble bous fo lo counduito
E s'entorno, lou cur en dol,
Quon bostre odessias lou romboyo.
Mêmo regrét é mêmo joyo
Bou'n onas pourta 'ndocon maï.
Coumo los flours bostro tournado
Embàumo touto uno countrado,
Lou mes d'obriol, lou mes de maï.
Los porroquios sou ton urousos
De beïre lour prumié Postour
Qu'en gaire maï seriòu jolousos :
Toutos boudriòu que fonés lour tour.

6

Se Diou zo bol, lounten enquèro
Tournores besita, cado on,
Bostre poble que bous espèro,
Mounsegnour, ah ! bous aïmo ton !
O soun él res nou bous opàrio.
Otobe lou bèsi 'n pregàrio
Per domonda que lou boun Diou
O lo Gléio, ò lo relegiou,
O soun cur de fil bous counserbe
E que de tout fléou bous preserbe ;
Que din soun porodis, un jour,
O lo plaço qu'El o còusido,
Orremouse, oprès loungo bido,
E lou troupél é lou Postour.

Cette poésie patoise, débitée avec beaucoup d'entrain par son auteur, a eu un succès complet. MM. les Curés surtout, plus familiers que NN. SS. les Evêques à notre dialecte quercynois et plus capables par conséquent de saisir, avec le sens général du morceau, les traits fins, les allusions voilées, les plaisanteries de bon goût dont il était émaillé, ne lui ont pas épargné les applaudissements.

La fin de la séance a été remplie par une composition d'une plus grande étendue et d'un genre plus sérieux que les précédentes. C'était un *Plaidoyer amical* auquel ont pris part sept de nos jeunes lévites, représentant chacun une des sciences enseignées au Grand Séminaire et venant parler en son nom.

C'est la Philosophie qui provoque le débat. Fatiguée d'avoir cherché sans succès la vérité dans les écoles et les livres des philosophes les plus célèbres, elle vient la demander aux Sciences divines. Elle les supplie de comparaître et d'exposer les titres qu'elles ont à sa créance, devant le vénérable Aréopage qui les écoute et qui sera juge du débat en dernier ressort.

On entend alors l'Ecriture sainte, la Théologie, l'Histoire, le Droit canon, l'Eloquence sacrée qui viennent successivement dire ce qu'elles sont et ce qu'elles valent, exposer leur origine, leurs droits et leurs services. Chacune plaide sa cause avec ardeur, en se faisant la part aussi belle que possible et même en cherchant à abaisser ses compagnes.

Il faut que la Raison vienne en dernier lieu les adjurer de ne pas disputer ainsi sur une question de préséance, mais au contraire de s'entendre et de s'unir. Elles ont chacune leur place dans cette vaste synthèse qui constitue la science divine; elles s'appellent, elles se soutiennent les unes les autres. C'est cette union qui fera leur force.

Que les jeunes aspirants au sacerdoce cultivent donc simultanément toutes ces sciences, sans en négliger aucune, évitant surtout de donner à quelques-unes d'elles l'épithète *d'accessoires*. Ils ne le pourront jamais mieux que durant les années de leur formation sacerdotale, grâce aux moyens d'instruction et aux encouragements que leur prodigue la paternelle sollicitude de leur Evêque.

C'est sur ce thème que nous avons entendu une série de dissertations fort intéressantes, où on avait su tempérer la gravité du sujet par le charme du style. Cependant nous sommes obligé de déclarer qu'il a fallu tout le talent de nos jeunes orateurs pour soutenir l'attention et l'intérêt jusqu'à la fin d'une séance qui avait duré près de deux heures.

La séance s'est terminée par une dernière Cantate sur les *Noces d'or* dont la musique, empruntée au répertoire de W. Moreau, était d'une harmonie et d'un entrain remarquables, et que les élèves du grand séminaire ont littéralement enlevée.

Mais il fallait que cette grande journée qui avait eu avant tout un caractère religieux fût couronnée par un acte du même genre. C'est pour cela qu'on avait placé après la séance un Salut solennel du T. S. Sacrement.

On s'est donc rendu à la chapelle du grand séminaire dont l'autel avait été admirablement décoré et illuminé pour la circonstance. Des prie-Dieu avaient été préparés, dans le sanctuaire, pour NN. SS. les Évêques. C'est Mgr l'Archevêque d'Albi qui a donné le Salut.

Que de prières, que d'actions de grâces sont encore une fois montées vers le ciel !

On voudrait que des journées comme celle du 27 Juin n'eussent pas de déclin. Mais si celle-là a fini, comme les autres, on peut du moins lui rendre ce témoignage qu'elle a été bonne entre toutes, bonne par les douces et saintes émotions qu'elle a communiquées aux âmes, bonne aussi par les souvenirs impérissables qu'elle laissera après elle.

V

LE DIMANCHE 1ᵉʳ JUILLET

La fête de S. Pierre, célébrée à la cathédrale, le 1ᵉʳ juillet, a été le couronnement de la solennité jubilaire du 27 juin.

Entre ces deux fêtes, nous avons eu le regret de voir partir successivement les Prélats qui étaient venus témoigner toutes leurs sympathies à notre Évêque et que nous aurions voulu pouvoir conserver plus longtemps dans nos murs.

Mgr Sourrieu seul nous est resté jusqu'au dimanche, et nous avons été heureux de le voir pontifier dans notre cathédrale, pour la solennité de la S. Pierre. Les souvenirs qu'avaient laissés parmi nous l'éminent prédicateur avaient attiré une foule nombreuse, avide de contempler ses traits sous la splendeur des habits pontificaux et de recueillir sa bénédiction.

A Vêpres, on s'attendait à entendre notre Évêque; aussi l'assistance était-elle encore plus considérable que le matin. L'espérance générale n'a pas été déçue. Monseigneur est monté en chaire, et, dans une touchante allocution, il a remercié les fidèles des témoignages de piété filiale qu'ils venaient de lui donner et a exposé à grands traits les enseignements qu'ils devaient retirer de ces belles fêtes.

Nous avions recueilli ces paroles pour les conserver. Mais au lieu du pâle résumé que nous pourrions offrir à nos lecteurs, nous préférons leur donner la Lettre pastorale que Monseigneur a adressée à tous ses Diocésains et qui renferme à peu près les mêmes pensées que l'allocution adressée aux fidèles de la Cathédrale.

Cette magnifique Lettre pastorale, en couronnant admirablement toutes ces fêtes, couronnera de même notre récit :

Au sortir, Nos Très-Chers Frères, de ces jours, remplis d'une si vive et si profonde émotion, que nous ont faits le Clergé et les Fidèles de notre Diocèse, la ville épiscopale surtout; après tant et de si éclatantes manifestations de confiance et d'affection, qui ont marqué d'un souvenir ineffaçable les Fêtes de notre Jubilé sacerdotal, notre premier mouvement, notre première parole est de vous dire à tous : Merci. Oui, merci, Chers et bien-aimés Diocésains, pour toutes les joies que vous avez apportées au cœur de votre vieil Évêque !

Pourquoi ne l'avouerions-nous pas ? Nous avons été ému et heureux. Grâce à vous, grâce aux démonstrations que vous ont inspirées votre religieux et affectueux respect, nous avons goûté une des plus pures et des meilleures joies de ce monde !

Trouver en effet des âmes qui vous ont compris, des cœurs qui répondent au vôtre ; recevoir de cet accord de tels et si expressifs témoignages : quelle récompense pour le zèle sacerdotal ! Dieu sans doute lui en réserve une autre ailleurs, mais sur la terre, nous n'en connaissons guère de plus douce et de plus élevée.

Dussent-ils ne faire que des ingrats, l'Évêque et le Prêtre sont tenus de se dévouer : le caractère sacré dont ils sont revêtus les y oblige. Comme Jésus-Christ leur Maître, ils doivent se donner, se dépenser tout entiers et pour tous ; la victime eucharistique, dont ils sont, par leur sacerdoce, les consécrateurs et les ministres, devient leur inspirateur et leur modèle : *Totus in usus nostros expensus*. Leurs efforts peuvent bien rester en apparence inutiles : Dieu et les âmes les réclament et les imposent. Mais, quelle tristesse quand les ministres de Dieu se sentent impuissants ; lorsque entre eux et le peuple chrétien s'élève un de ces malentendus qui les séparent, et rendent infructueux le zèle des premiers ! Quelle joie au contraire quand, prêtres et fidèles unis dans un même sentiment et une commune confiance, ceux-ci répondent aux soins dont ils sont l'objet !

Nous osons le dire, N. T. C. F., après vingt-huit ans de Ministère pastoral et vingt-deux ans d'Épiscopat, Dieu nous a gâté, et a épargné à notre pauvre courage les contradictions qui brisent souvent les volontés les plus fortes, découragent le dévouement, abreuvent toute une vie d'une indicible amertume. Mais notre premier devoir est d'en faire remonter à Dieu tout le mérite, à Dieu qui seul peut et sait unir les âmes; et à vous, N. T. C. F., à notre cher Diocèse, à vous tous, prêtres et fidèles qui, en toute circonstance, avez tenu à éviter à votre Évêque toute tristesse, et à lui procurer au contraire toutes les consolations que vous saviez lui être le plus chères.

Il y a bientôt vingt-deux ans, nous entrions dans ce Diocèse, l'esprit et le cœur pénétrés de cette peinture du bon Pasteur, tracée par Jésus-Christ lui-même : *Ego sum Pastor bonus,*

La réaliser était toute notre préoccupation. Connaître notre troupeau, connaître les âmes que Dieu nous confiait, connaître vos traits, votre physionomie à tous ; lire dans vos regards, vos pensées, votre obéissance, votre affection ; deviner les soins nécessaires à vos âmes ; nous mêler à vous jusque dans la plus humble paroisse ; être connu de chacun de vous, et s'il était possible, vous connaître et vous nommer tous : *Cognosco meas et cognoscunt me meæ ;* vous connaître pour vous faire du bien, vous consacrer toutes nos énergies, vous donner notre vie toute entière : *Animam pro ovibus.* Tel est, nous disions-nous, le devoir du vrai Pasteur ; telle la pensée féconde qui s'empare du jeune prêtre, quand il tombe sur le pavé du sanctuaire, au jour de son ordination, et quand il prend pour la première fois, entre ses mains, Jésus-Christ immolé pour le salut de tous ; telle enfin la résolution de nous donner sans mesure, qui, au jour de notre consécration Épiscopale, redevint présente et vivante dans notre âme, avec une impression plus forte que jamais ; car, nous recevions alors la plénitude du sacerdoce, et contractions ainsi une obligation plus étroite et plus solennelle d'abnégation et de sacrifice.

Vingt-huit ans de ministère pastoral nous y avaient préparé, mais avaient créé entre nous et notre chère paroisse de la Cathédrale de Clermont, des rapports si intimes qu'il nous fut dur de les rompre. Nous vous arrivâmes, inconnu jusque-là ; nous venions néanmoins avec confiance. De vous, de ce diocèse, de son bon esprit, de sa foi, on ne nous avait dit que du bien : *Gloriosa dicta sunt de te.* Par votre accueil nous apprîmes comment vous savez aimer vos évêques. Nous fûmes reçu comme un Père. Dès le premier instant, vous nous avez entouré de tant de respect, de prévenances, d'affection, qu'on eût dit que vous aviez à cœur de nous faire oublier notre première patrie. Vous nous en avez fait une autre où nous avons retrouvé les douceurs et les épanchements de la première. Vous nous avez aimé et, de notre côté, nous vous avons aimé comme des enfants et des fils. Prêtres, fidèles et évêque, nous nous sommes compris : entre vous et nous, il s'est noué un lien puissant, indissoluble.

Quelle émotion pour votre vieil Évêque que vos démonstrations d'hier reportaient à la soirée du 22 août 1866 ! Il parcourait ce jour-là presque le même chemin, fatigué du voyage, brisé par de récentes et douloureuses séparations, rendu soucieux par les inquiétudes et les responsabilités de l'avenir. Vous appeliez sa première bénédiction, vous le considériez avec une curiosité bien naturelle, cherchant dans son regard le cœur et la bonté d'un Pasteur et d'un Père. La foule était innombrable, venue de partout; les démonstrations extérieures, la décoration de vos maisons, de vos boulevards, de vos rues, les sentiments de respect et de sympathie qui éclataient de toutes parts, faisaient concevoir à votre Évêque les espérances flatteuses dont la journée d'hier devait affirmer avec éclat la réalisation.

Non, notre espoir n'a point été déçu, Chers et bien aimés Frères, et hier, encore que rien ne parut changé, quelle différence ! Ce n'était plus un inconnu qui fendait la foule et la bénissait : vous connaissez maintenant votre Évêque et il vous connait. Les ans ont pu creuser ses traits, diminuer ses forces, éteindre en partie son ardeur, mais le cœur est resté le même, il ne craint pas de le dire : il vous aime, et il compte sur vous ; tout lui prouve votre confiance et votre attachement.

Il y a, dans cette démonstration religieuse du 27 juin, tout un passé de souvenirs, d'échanges affectueux de respect et de dévouement réciproques. Vingt-deux ans, pendant lesquels, Prêtres et Évêque, nous avons vécu de la même vie, partagé les mêmes labeurs, les mêmes sollicitudes, combattu les mêmes combats, travaillé à la même œuvre, au salut des mêmes âmes. Vingt-deux ans de courses apostoliques consolées, chers Fidèles de notre diocèse, par votre piété et l'accueil obéissant fait à notre parole. Vingt-deux ans de réceptions, de rapports dans lesquels le respect et la sympathie semblaient s'accroître pour nous attacher tous les jours davantage. Voilà pourquoi notre cœur a été pris d'une indicible émotion en se rappelant tout ce passé, et pourquoi, Prêtres et Fidèles, vous l'avez tous ressentie et partagée.

Oui, nous avons été ému quand, franchissant le seuil de la demeure Épiscopale, nous avons trouvé les rangs pressés — trop pressés, hélas ! — des petits et des pauvres, dont nous eussions voulu sécher toutes les larmes et soulager toutes les misères ; ému encore, en abordant ce boulevard que des mains pieuses et filiales, sans autre inspiration que celle du respect et de la religion, avaient orné, à l'envi, avec tant de magnificence ; ému, quand quittant le boulevard, nous nous sommes engagé dans cette rue de la Liberté qui, le 27 juin, semblait vouloir égaler, dépasser même le 22 août 1866; ému, de nous trouver au milieu de cette foule frémissante qui nous serrait de si près, s'inclinait sous notre bénédiction et celle de nos vénérables collègues ; foule dans laquelle nous n'avons pu saisir que des témoignages de sympathie et d'un respect unanime.

Oui, N. T. C. F., nous étions vivement impressionné en voyant cette longue suite de prêtres, qui avaient tout quitté, pour faire au Père de leurs âmes, à leur Évêque, un cortège d'honneur devant les fidèles, et devant nos vénérés et chers collègues dans l'Épiscopat, et témoigner, par leur présence, l'union du clergé du diocèse de Cahors avec son Évêque ; comme la présence du peuple chrétien affirmait son union avec ses prêtres et leur Évêque.

Mais nous avons été bien plus ému, N. T. C. F., et, s'il faut le dire, troublé jusqu'au fond de l'âme quand, à l'entrée de notre Cathédrale, nous avons entendu ces applaudissements et ces acclamations qu'arrachaient à la multitude des transports que n'a pu contenir la sainteté du lieu : hommage accablant, si nous n'avions le droit de le faire monter plus haut qu'à notre chétive personne.

Ah ! oui, vous nous avez fait une heure qui comptera dans notre vie, une heure solennelle, inoubliable. Si dans le cours de notre ministère nous avons éprouvé quelque peine, supporté quelque contradiction, quelque fatigue, vous nous avez surabondamment dédommagé.

Faut-il parler des éloges que nous avons reçus, et qu'expliquent le respect, l'indulgence et l'affection qui les ont dictés ? On nous a loué, loué beaucoup trop, — qui le sait mieux que nous ? Mais nous sommes chrétiens, et tous, nous savons le sens de la louange chrétienne et le secret des hommages qu'on rend dans l'Église à quiconque est couronné d'un rayon de cette autorité, de cette puissance qui ne peut venir que de Dieu. Nous savons à qui vont ces respects et ces éloges : les retenir serait ravir à Dieu ce qui lui appartient. A Dieu, et à Dieu tout seul, disons-le bien haut, N. T. C. F., tout l'honneur et toute la gloire de cette journée : *Soli Deo honor et gloria*, à lui seul les louanges qu'on nous a adressées.

Si notre autorité vous a semblé paternelle, si vous avez béni notre pouvoir, et ne l'avez pas trouvé trop lourd ; si nous avons mis à défendre les intérêts de Dieu, de l'Église et des âmes quelque fermeté, si, dans notre conduite, nous avons pris pour guide la droiture, la modération et toujours notre dévouement à vos meilleurs intérêts, c'est à Dieu que nous le devons. Il a été notre autorité, notre pouvoir, notre force : *A Domino factum est istud*. La grâce de la consécration épiscopale a agi ; Dieu a écouté la prière de son Église passant par les lèvres vénérées de notre cher consécrateur : *Sis ei auctoritas, sis ei potestas, sis ei firmitas*. Dieu a été notre autorité, notre pouvoir, notre force. Tout ce que nous avons fait de bien, c'est Dieu qui l'a inspiré, soutenu, qui l'a fait : à lui donc, et à lui seul votre reconnaissance et vos hommages. C'est dans ces pensées que nous en avons accueilli l'expression, et de cette même inspiration toute chrétienne, quelle est venue.

Mais de ces témoignages de respect, de ces vœux qui s'échappaient de vos lèvres et de toutes ces fêtes, se dégageait aussi une éloquente leçon. Si la louange ne nous dit pas toujours ce que nous avons fait, au moins doit-elle nous apprendre ce que nous devons faire. Pour votre Évêque, quelle occasion de retour sur lui-même, de regret de n'avoir pas fait davantage, de n'avoir pas mieux mérité ces éloges ; et en même temps quelle résolution s'affermissait dans son âme de redoubler de dévouement, de se dépenser jusqu'au bout, de vous consacrer avec plus d'ardeur encore ses forces défaillantes !

De toutes parts on nous a crié : *ad multos annos*, longs jours et longue vie ! Dans une inscription — nous ne saurions l'oublier — on nous a dit :

> Vivez Monseigneur
> Vivez pour Dieu,
> Vivez pour l'Église,
> Vivez pour la France,
> Vivez pour votre diocèse.

Dieu, l'Église, la France : quelles plus grandes et plus saintes causes, et comme elles sont étroitement unies ! Vivre pour elles, leur donner notre ardeur et nos forces : quel plus noble emploi en pourrions-nous faire !

Vivre pour Dieu, c'est vraiment vivre ; tout homme, tout chrétien lui doit sa vie : n'est-il pas son créateur. Il tient tout de lui, peut-il trouver ailleurs son bonheur et sa fin. Mais le Pontife et le Prêtre ont contracté vis-à-vis de Dieu une obligation plus étendue, non seulement celle de vivre pour Dieu, mais d'y conduire les autres.

Pris parmi les hommes, nous dit l'Apôtre, le Pontife est établi pour s'occuper des choses de Dieu : *In iis quæ sunt ad Deum*. Il est revêtu de la fonction de la prière et du sacrifice, il est le gardien des intérêts de Dieu et chargé du soin de sa gloire, mais il ne peut ni ne doit se désintéresser de ses frères, car il est aussi établi pour eux : *Pro hominibus constituitur*. Il doit veiller sur leurs intérêts les plus élevés, les meilleurs ; leur parler de Dieu, les mener, les conquérir à Dieu : sauver leurs âmes. Nous avons contracté cette obligation en devenant votre Évêque, et nous avons pris de nouveau l'engagement de nous y consacrer.

Vivre pour l'Église, N. T. C. F., c'est encore vivre pour Dieu, et vivre pour vous. L'Église est la grande œuvre de Dieu : par elle, il communique avec les hommes, leur garde les enseignements de l'Évangile, répand tous ses bienfaits. Elle représente sur la terre sa paternelle et bienfaisante autorité ; miséricordieuse pour tous, elle est la source de tout le bien qu'on vous fait ; elle console vos tristesses, s'associe à toutes vos joies. Nous en sommes les ouvriers, nous avons la mission de la défendre, de la faire connaître et aimer comme une protectrice et une mère.

En vivant et en travaillant pour Dieu et l'Église, nous avons la confiance de travailler aussi pour la France. Dans nos prières, nos aspirations, nos efforts, nous ne séparons jamais ces deux causes. Dieu les a unies dès les premiers jours de notre histoire, vainement chercherait-on à les désunir : *Quod Deus conjunxit homo non separet*. Ce sont deux nobles clientes, dignes l'une et l'autre, d'un dévouement absolu. Nous défendons leur double cause dans tous nos plaidoyers et dans toutes nos luttes : tant leurs intérêts sont étroitement liés. Elles subissent en ce moment la même épreuve : ensemble, et avec le même courage, nous les aimerons, nous les défendrons dans l'espoir de leur assurer le même triomphe.

Vous garderez le souvenir de cette journée, N. T. C. F., nous le demandons à votre piété filiale, vous vous en souviendrez, pour prier pour votre Évêque et demander pour lui à la libéralité divine, la lumière et les forces que sa faiblesse rend plus que jamais nécessaires.

Vous prierez aussi pour ces prélats, nos frères dans l'Épiscopat, venus de près et de loin, avec un si vif empressement, sur l'invitation de notre Chapitre, pour entourer leur frère aîné d'affection et d'honneur. Vous aiderez ainsi celui que vous nommez votre Père, à acquitter la dette qu'il a contractée, et à porter un poids qui serait trop lourd pour lui seul.

Vous prierez pour nos Vénérables Frères les Chanoines de notre Cathédrale qui se sont faits les interprètes du sentiment de notre Diocèse en organisant et en préparant cette fête; et pour tous ces Prêtres chargés de vos âmes, qui l'ont rehaussée par un immense concours.

A notre tour, N. T. C. F., nous prierons Dieu de récompenser tout ce que votre vénération et votre affection filiale vous ont inspiré de faire pour nous. Vous êtes venus nous dire : longue vie encore : *Ad multos annos ;* mais nous pouvons mourir maintenant, nous emporterons dans la tombe, comme une suprême consolation, le souvenir de cette journée ; il nous suivra devant Dieu, avec l'espoir que votre témoignage précèdera son jugement, apaisera sa justice et nous obtiendra miséricorde.

Ces paroles auront un long et profond retentissement. Mais personne ne voudra souscrire à la conclusion qui les termine. Après les Évêques, après le Clergé, après la population cadurcienne, c'est le diocèse tout entier qui répondra par ce cri si souvent répété durant ces jours : Longue vie à notre premier Pasteur, *Ad multos annos !*

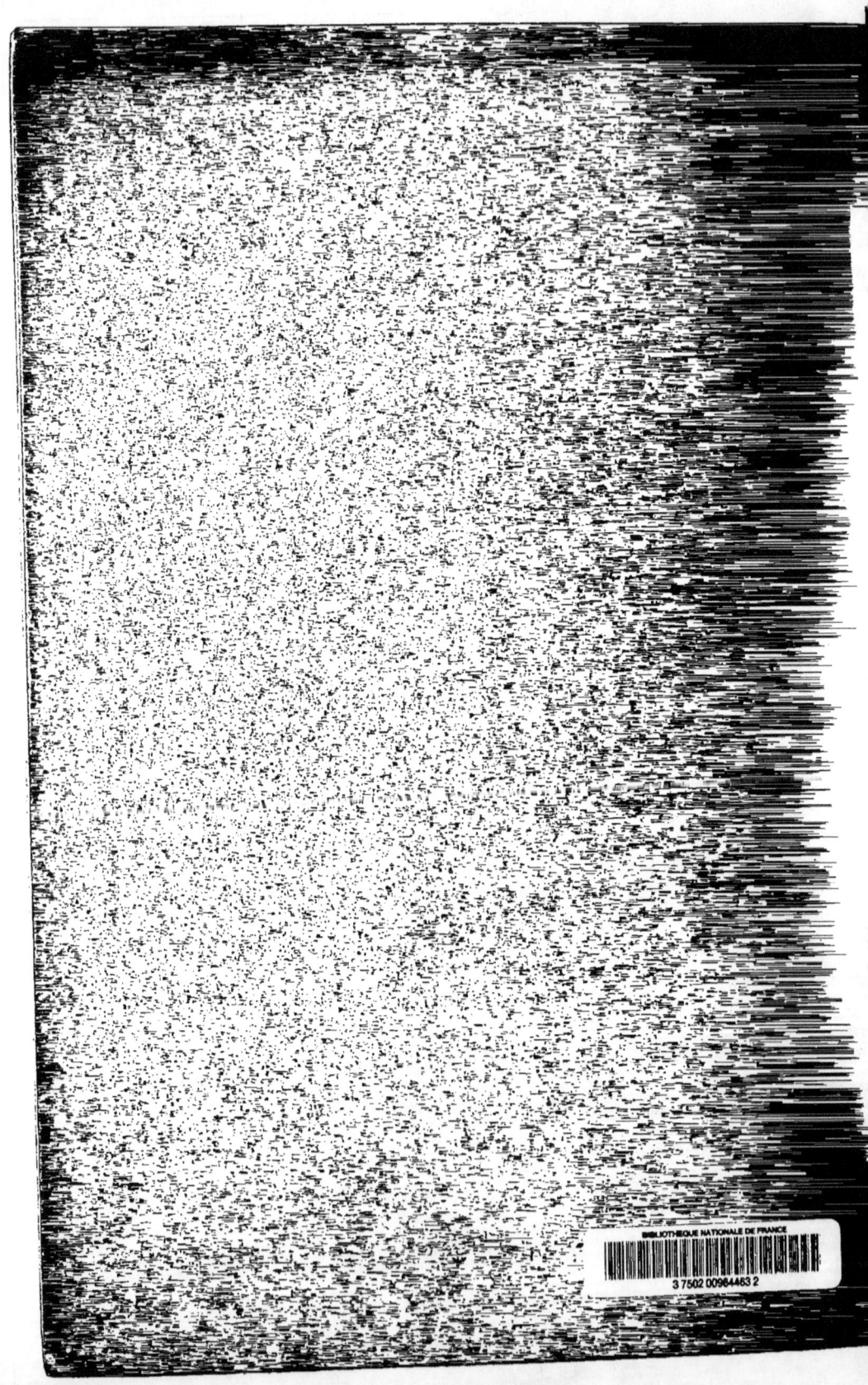

www.ingramcontent.com/pod-product-compliance
Lightning Source LLC
Chambersburg PA
CBHW070320100426
42743CB00011B/2492